Maria Metzger

Aktivierung mit Pfiff

Von der Aktivierung bis zum Projekt

Bibliografische Information der Deutschen Nationalbibliothek
Die Deutsche Bibliothek verzeichnet diese Publikation in der Deutschen Nationalbibliografie; detaillierte bibliografische Daten sind im Internet über http://dnb.d-nb.de abrufbar.

Sämtliche Angaben und Darstellungen in diesem Buch entsprechen dem aktuellen Stand des Wissens und sind bestmöglich aufbereitet.
Der Verlag und der Autor können jedoch trotzdem keine Haftung für Schäden übernehmen, die im Zusammenhang mit Inhalten dieses Buches entstehen.

Besuchen Sie uns im Internet: www.www.altenpflege-online.net

Druck: BWH GmbH

Foto Titelseite: Adobe Stock, itsmejust

ISBN 978-3-86630-577-9

Maria Metzger

Aktivierung mit Pfiff

Von der Aktivierung bis zum Projekt

Inhalt

Jetzt Code scannen und mehr bekommen …

http://www.altenpflege-online.net/bonus

Ihr exklusiver Bonus an Informationen!

Ergänzend zu diesem Buch bietet Ihnen *Altenpflege* Bonus-Material zum Download an.
Scannen Sie den QR-Code oder geben Sie den Buch-Code unter www.altenpflege-online.net/bonus ein und erhalten Sie Zugang zu Ihren persönlichen kostenfreien Materialien!

Buch-Code: AH1061

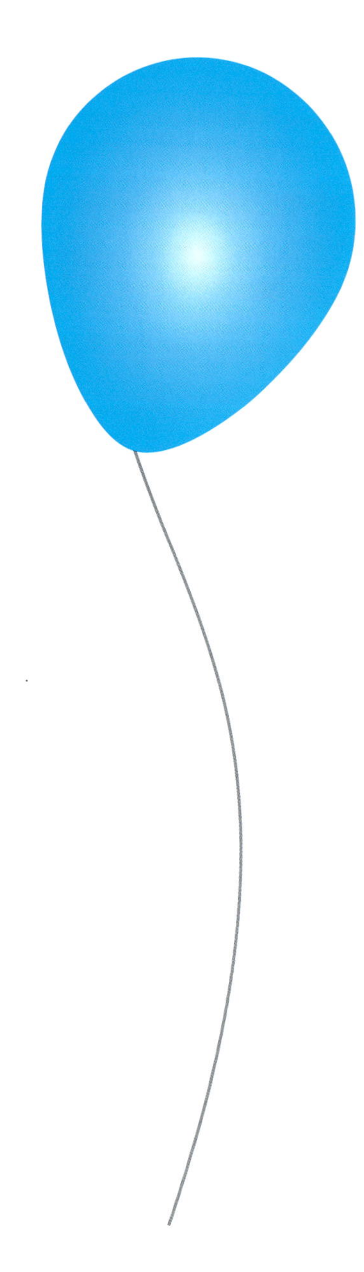

Vorwort

Liebe Leserinnen und Leser,

mit dem Erwerb dieses Buches kann ich Ihnen ein sehr breites Spektrum für die Betreuung von Menschen mit und ohne Demenz mit auf den Weg geben.

Es soll ein Handbuch sein, das sowohl für die Mitarbeiter der Betreuung wie auch der Leitung des Sozialen Dienstes in den Häusern gleichermaßen gewidmet ist.

Dieses Werk ist deshalb entstanden, weil ich durch meine Tätigkeit in der Aus- und Fortbildung von Betreuungsassistenten sowie durch den Kontakt mit der Leitung der Sozialen Dienste in Senioreneinrichtungen die Unsicherheit spürte, die Betreuung der Bewohner auf eine individuelle Art gestalten zu können um sich den Einschränkungen und Fähigkeiten der Bewohner anzupassen.

Sie werden überrascht sein, wenn Sie aus den völlig unterschiedlichen Kapiteln heraus Angebote auswählen, die biografisch und persönlich Ihre Bewohner mitnehmen und die Freude an der Aktivierung deutlich sichtbar wird.

Die Tipps für die „*Fundgrube für biografisches Material*" oder die „*Kooperation mit Personen und Gruppen aus der Umgebung*" sollen Ihnen neue Impulse für eine abwechslungsreiche und erfolgreiche Aktivierung aufzeigen. Vielleicht gibt es einen Baumarkt oder eine Gärtnerei ganz in der Nähe, in der Sie mit einem Teil Ihrer Bewohner eine kleine Erkundungstour (mit Rollator und Rollstuhl) organisieren können.

Bewusst habe ich auch ein Kapitel dem „*Weniger ist mehr*" gewidmet, welches Ihnen aufzeigen soll, wie wichtig es ist, neue Bewohner oder „Aktivierungsverweigerer" doch zum Mitmachen zu animieren.

Es ist mir ein Bedürfnis, auch ein Kapitel dem Thema „*Demenz*" zu widmen. Die Aktivierung der an Demenz erkrankten Personen ist nicht einfach und erfordert ein großes Einfühlungsvermögen. Da die persönlichen Ressourcen dieser Bewohner sich zunehmend verringern, gewinnen Themen wie häusliches Umfeld, Lieder oder Gedichte immer mehr an Bedeutung.

Beim Thema „*Biografische Aktivierung*" sind Themen eingefügt, die vielleicht den jüngeren Mitarbeitern in der Betreuung unbekannt sind. Ihre Bewohnerinnen schwelgen bei dem Begriff „Sammeltassen" sofort in lebhaften Erinnerungen und die Gesprächsrunde wird zum biografischen Erlebnis.

Das Beispiel „*Das besondere Frühstück*" soll Ihnen in der Rubrik „*Gesellige Runden*" aufzeigen, wie es Ihnen gelingen kann, mit nur kleinen Veränderungen der Alltagssituation eine Verbindung zur guten alten Zeit zu schaffen.

Bei dem Kapitel „*Kreatives Arbeiten*" entscheiden Sie selbst, ob Sie aus den unterschiedlichen Angeboten ein Projekt entstehen lassen. Die vorgestellten Themen eigenen sich sowohl für die gemeinsame Arbeit am Tisch als auch für ein Angebot, dass Sie über einen längeren Zeitraum mit den Bewohnern gestalten.

Den großen Themenbereich „*Außergewöhnliche Projekte*" habe ich in Projekte „*Im Haus*" und „*Gartenprojekte*" aufgeteilt. Diese Projekte habe ich in verschiedenen Häusern begleitet und über einen längeren Zeitraum hinweg sowohl von den Mitarbeitern, den Bewohnern und deren Angehörigen eine überdurchschnittlich positive Resonanz verspürt. Die Projekte können ganz individuell an die Gegebenheiten und Möglichkeiten der verschiedenen Einrichtungen angepasst werden und bieten einen breiten Handlungsspielraum.
„*Lieder und Gedichte*" sind sowohl bei bereits an Demenz erkrankten Bewohnern wie auch bei geistig noch regen Bewohnern sehr präsent.

Zu einer jahreszeitlichen Aktivierung, als Einführung, zur Abrundung eines Themengebietes oder zur Überbrückung von kleinen Zeiteinheiten sind passende Lieder oder Gedichte enorm hilfreich.

Mitarbeiter aus der Betreuung stoßen dabei häufig an ihre Grenzen, so schnell ein passendes Gedicht oder ein Lied zu finden. Die Bewohner haben während ihrer Kindheit in der Schule vieles auswendig gelernt und können diese Texte meist lückenlos wiedergeben. Mit diesen aufgeschriebenen Texten gelingt es Ihnen mühelos, kleine „Textlücken" spontan auszufüllen.

Im *Anhang* finden Sie eine Auflistung von einfachen Gegenständen zur biografischen Aktivierung. Viele dieser Gegenstände sind im eigenen Haushalt zu finden (gehäkelte Serviettenringe, Kaffeefilter …) und liegen dort meist ungeachtet seit Jahren. Es soll Ihnen aufzeigen, dass es nicht große, mit viel Zeitaufwand hergestellte Aktivierungsmaterialien sein müssen, sondern Gegenstände aus dem täglichen Leben.

„Das beste Mittel, jeden Tag zu beginnen ist,
beim Erwachen daran zu denken,
ob man nicht wenigstens einem Menschen
an diesem Tag eine Freude machen könne."

Friedrich Wilhelm Nietzsche

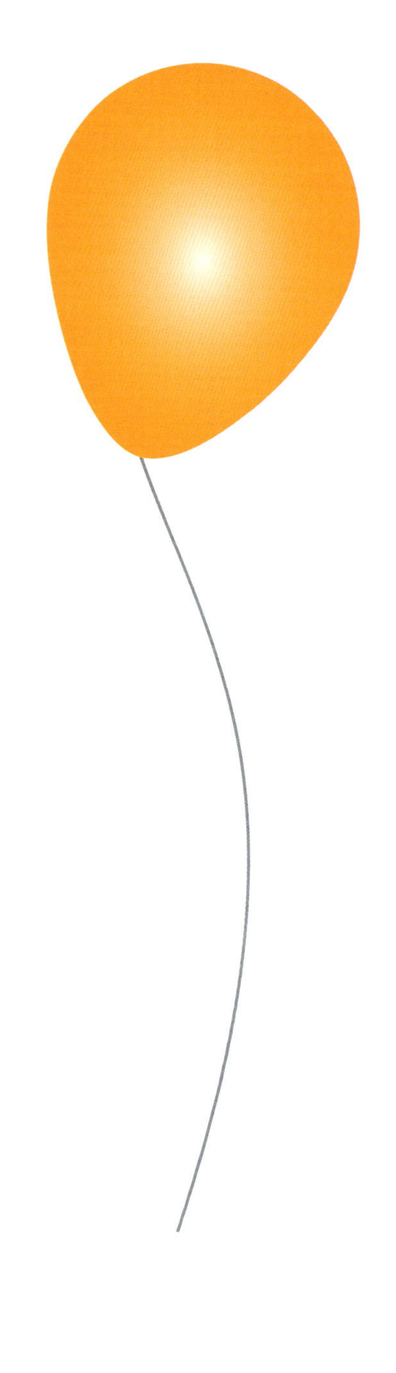

Fundgrube

Dieses Kapitel soll Ihnen die verschiedenen Möglichkeiten aufzeigen, die sich „rund um Ihre Einrichtung“ bieten.

„Woher kann ich das passende Aktivierungsmaterial bekommen“? Diese Frage beschäftigt viele Betreuungskräfte, die in der Seniorenbetreuung tätig sind.

Zugegeben, zu Beginn ist es nicht einfach, an die Materialien zu gelangen, aber es gibt viele „Schatzkisten“, in denen Sie diese biografischen Gegenstände finden können.

Gegenstände aus längst vergangener Zeit, die Sie wertlos finden, können bei Ihren zu betreuenden Personen eine enorme Freude auslösen. Das gilt für die von Demenz betroffenen Teilnehmer genauso wie für die geistig noch sehr aktiven Teilnehmer.

Biografische Gegenstände, mit denen Sie Ihren Bewohnern eine große Freude bereiten können, finden sich häufig im persönlichen Umfeld, bei Haushaltsauflösungen oder auf dem Flohmarkt.

Fundgruben können sein:

- Der eigene Keller oder Dachboden.
- Bevor Sie Dinge aus vergangener Zeit achtlos wegwerfen, überlegen Sie, ob Sie diese nicht in Ihre Aktivierungsstunden einbauen können.
- Haushaltsauflösungen
- Flohmärkte
- Bekanntenkreis
- Angebote aus dem Internet.
- Nach Absprache mit Angehörigen von verstorbenen Bewohnern, bei der Auflösung des Zimmers.
- Nach Absprache mit den Angehörigen, bei der Auflösung der Wohnung/des Hauses der Bewohner.
- Aus dem Fundus im Seniorenheim (dort lagern oft wahre „Aktivierungsschätze“).

TIPP

Im Anhang finden Sie eine Liste von Gegenständen zur biografischen Aktivierung.

Kooperationen

Einführung

Die Kooperation mit Gruppen aus der Umgebung hat sich laut Umfragen als eine sehr beliebte und positive Unterstützung der Aktivierung erwiesen.

Zahlreiche Unternehmen möchten mit Ihren Auszubildenden ein „soziales Projekt“ gestalten und die Zusammenarbeit mit Senioreneinrichtungen ist dabei immer eine besondere Bereicherung.

Erkundungstouren in die nähere Umgebung sind bei den Bewohnern ebenfalls sehr beliebt. Sprechen Sie mit dem Leiter des örtlichen Baumarktes oder mit dem Besitzer einer Gärtnerei. Besichtigungen dieser Art lassen sich meist problemlos und ohne großen Aufwand organisieren.

Kooperation mit Personen und Gruppen

Sozialprojekt mit Firmlingen oder Konfirmanden

Bei diesen Projekten arbeiten die jungen Leute gemeinsam mit den Bewohnern an einem Projekt und dabei entsteht ein Werk, welches die Generationen verbindet.

- Ein großes Insektenhotel bauen (ohne Bausatz)
- Unterstützung beim Baumarktbesuch (Männeraktivierung)
- Gemeinsames Basteln von Jahreszeitkerzen
- Gesprächsrunden „Das Leben wie es früher war". Die Bewohner sprechen mit den Jugendlichen über ihre eigene Jugend. Dieser Austausch wird gerne angenommen.

Projekt mit Personen des öffentlichen Lebens

Diese Gesprächsrunden stellen eine Verbindung der Bewohner zu ihrem früheren, noch aktiven Leben her.

- Die Marktfrau oder der Gärtner vom Wochenmarkt kommen in die Einrichtung. Viele Bewohner haben auf dem Wochenmarkt eingekauft und freuen sich über dieses Wiedersehen.
- Ein Gastwirt oder eine Gastwirtin berichtet aus dem täglichen Leben. Besonders interessant ist es, wenn die Bewohner diese Person aus ihrem „früheren Umfeld" kennen.
- Märchenerzähler. Diese Männer oder Frauen haben eine spezielle Ausbildung. Wenn sie Märchen oder Geschichten erzählen, hat das eine besondere Faszination.
- Landfrauen und Landwirte aus der Umgebung erzählen von dem heutigen Leben auf dem Bauernhof und vom Wandel der Zeit in der Landwirtschaft.
- Der Bäcker. Der Wandel der Zeit in diesem Handwerksberuf ist enorm. Früher wurden die Brötchen und das Brot nur am frühen Morgen gebacken, heute wird den ganzen Tag über gebacken.

Musikgruppen

Musik verbindet unterschiedliche Altersklassen und Gesellschaftsschichten miteinander. Viele Bewohner haben früher in einem Chor gesungen oder in einem Orchester gespielt.

- Frauen- oder Männerchor aus der Umgebung singen und laden zum Mitsingen ein.
- Kinderchor aus dem Kindergarten oder der Schule.
- Musikkapellen oder kleine Abordnungen davon. Je nach Größe ist es sinnvoll, diese musikalische Darbietung als „Platzkonzert" im Freien zu gestalten (Lautstärke).
- Faschingskapellen sind besonders laut und kommen in einer Jahreszeit, in der es nicht möglich ist, ein Konzert im Freien zu halten. Deshalb auch nur einen Teil der Gruppe einladen.
- Akkordeon, Mundharmonika, Zither oder Drehorgel erinnern an die gute alte Zeit und sind sehr beliebt.
- Alleinunterhalter, der Volkslieder oder auch Walzer spielt.

Kindergarten oder Grundschule

Gemeinsame Aktivitäten verbinden

- Auftritt der Kinder bei hausinternen Festen (Fasching, Sommerfest, Erdbeerfest ...).
- Laternenumzug am St. Martinstag.
- Kindergartenkinder kommen 1 x im Monat in die Einrichtung und die noch rüstigen Senioren lesen den Kindern vor.
- Grundschulkinder kommen alle 2 Monate in die Einrichtung um gemeinsame Aktivitäten zu erleben:
  - Kochen, Basteln, Erzählen, Handarbeiten.

Erzählwerkstatt

Alle 3 Monate gibt es eine öffentliche Veranstaltung, bei der Bewohner der Einrichtung etwas über Begebenheiten aus ihrem früheren Leben berichten.

- Ein Backtag in der Kindheit,
- ein Schultag in der Kindheit,
- der Waschtag früher,
- der Frühjahrsputz,
- Weihnachten bei uns Zuhause.

Es sollten Teilnehmer sein, die engagiert reden und noch geistig aktiv sind.

Besonders in ländlichen Gebieten werden zu dieser Erzählwerkstatt auch abwechselnd Personen aus dem öffentlichen Leben eingeladen.

Zum Beispiel: der Bürgermeister, Gemeinderatsmitglieder, Geschäftsleute, ein bekannter Gastwirt oder Hotelier, eine Lehrerin oder ein Lehrer oder sonstige bekannte Personen aus dem örtlichen Umfeld.

Erkundungstouren in der Umgebung

Es muss nicht immer ein großer, spektakulärer Ausflug mit einem Ganztagesprogramm sein. Viel angenehmer sind gerade die kleinen Besichtigungstouren, die mit einer überschaubaren Gruppe durchgeführt werden. Der Personenkreis variiert je nach Interesse oder körperlicher Verfassung der Teilnehmer.

ACHTUNG

Organisieren Sie dafür die Berechtigung zur Teilnahme von den Teilnehmern selbst oder von deren bevollmächtigten gesetzlichen Vertretern!

Grundsätzlich gilt:

- Nehmen Sie rechtzeitig Kontakt zur dortigen Institution auf, um die Rahmenbedingungen abzusprechen.
- Kommen Sie nur mit Kleingruppen, sonst überfordern Sie die Gastgeber und Ihre Teilnehmer.
- Schaffen Sie sich einen Überblick über die örtlichen Gegebenheiten (Behinderten WC, Parkmöglichkeiten).

Beliebte *Themen*

- Besuch eines Baumarktes (besonders beliebt bei den Männern),
- Besuch einer Handwerksbäckerei,
- Besuch einer Gärtnerei (Gemüse),
- Besuch einer Baumschule,
- Besuch im Rathaus (Bürgermeister),
- Besuch einer Grundschule,
- Besuch des Heimatmuseums,
- Besuch eines Spielwarenmuseums,
- Besuch einer alten Schule,
- Besuch eines Supermarktes.

Themenspaziergänge (mit Rollator und Rollstuhl)

- Auf dem Wochenmarkt,
- Auf dem Krämermarkt,
- Ausflug zur Eisdiele,
- Ausflug ins Café.

Vorbereitung

- Rechtzeitige Ankündigung des Ausfluges.
- Genügend Betreuungspersonal.
- Ausreichend große Fahrzeuge.
- Fahrzeit sollte nicht zu lange sein.
- Besichtigungsdauer sollte der gesundheitlichen Verfassung der Teilnehmer entsprechen.
- Berücksichtigen Sie immer Anfahrt und Heimfahrt bei Ihrer zeitlichen Planung.
- Informieren Sie sich rechtzeitig über besondere Hygienevorschriften (in Lebensmittelbetrieben).

Durchführung

- Geben Sie der Teilnehmergruppe eine kurze Vorabinformation.
- Gehen Sie auf die Fragen und Unsicherheiten der Teilnehmer ein.
- Gehen Sie im Vorfeld auf das Thema ein. Vor dem Besuch einer Backstube reden Sie über die Brotherstellung von früher.
- Sagen Sie kurzfristig bei schlechtem Wetter den Outdoor-Ausflug ab (Markt, Gärtnerei, Baumschule).

ACHTUNG

Überfordern Sie Ihre Teilnehmer nicht, schon ein kurzer Ausflug auf den Wochenmarkt kann zu einem besonderen Highlight des Monats werden. Denken Sie daran: „Weniger ist oft mehr"!

Einzelaktivierung

Einführung

Selbstverständlich haben Sie nicht die Zeit, jeden Bewohner einzeln zu aktivieren, denn das würde den Zeit- und Personalrahmen sprengen.

Außerdem würden bei ausschließlichen Einzelaktivierungen der Sozialkontakt, die Kommunikation und die Gruppendynamik völlig verloren gehen.

Die Beispiele sollen Ihnen aufzeigen, wie wichtig eine Einzelaktivierung zu Beginn eines Aufenthaltes im Seniorenheim sein kann, um die Bewohner besser kennenzulernen und sie schrittweise zur Gruppenaktivierung hinzuführen.

In dieser Eingewöhnungsphase kann das Einzelgespräch sehr hilfreich sein.

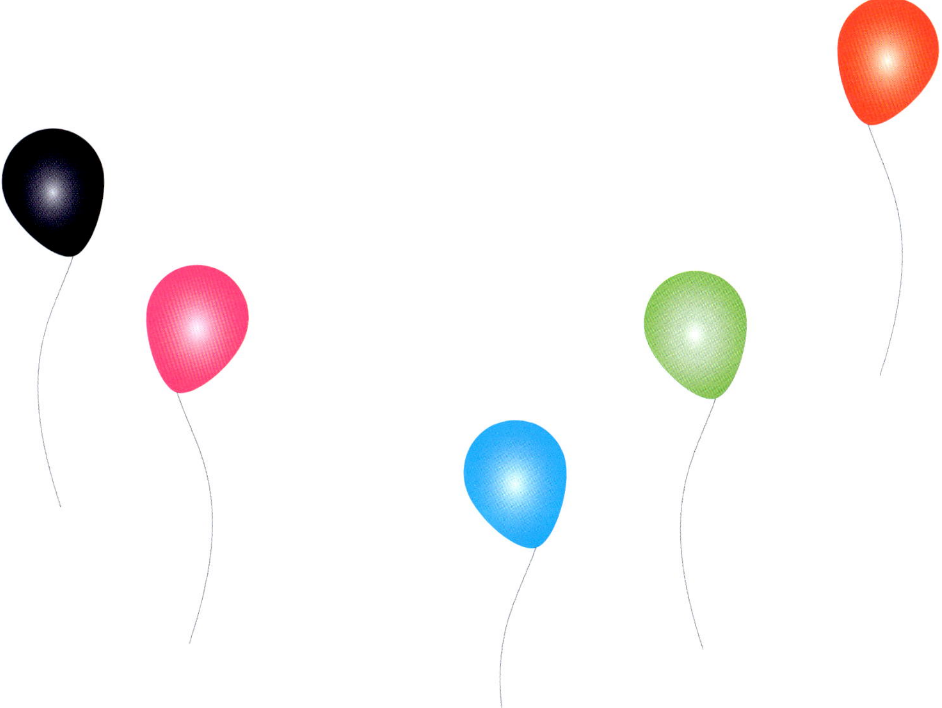

Einzelaktivierung ohne „Erfolgsdruck“

„Weniger ist oft mehr“

Besonders zu Beginn, wenn neue Bewohner in das Haus einziehen, ist es wichtig, ihnen „etwas Zeit zur Eingewöhnung“ zu geben.

Die Lebensumstände haben sich geändert und dann sofort Aktivierungen anzubieten, das überfordert viele neue Bewohner.

Tipp

- Lassen Sie den neuen Bewohnern genügend Zeit, um anzukommen.
- Bieten Sie immer wieder die Möglichkeit zur Aktivierung – völlig ohne Druck.
- Lesen Sie aufmerksam den Biografiebogen, um Einblicke in das Leben der neuen Bewohner zu erhalten.
- Beginnen Sie mit ganz kleinen Schritten.

BEISPIEL

Ein Beispiel aus der Praxis:

Eine Dame verweigerte konsequent die Aktivierung. Im Biografiebogen waren keinerlei Hinweise auf besondere Vorlieben zu erkennen.

Eine aufmerksame Betreuungsassistentin hat beobachtet, wie diese Dame die Bastelarbeiten in der Gruppe sehr aufmerksam verfolgt, eine Teilnahme allerdings abgelehnt hat.

Sie ging zu der neuen Bewohnerin mit Papierservietten in das Zimmer, um daraus eine Tischdekoration zu erstellen. Dabei bat sie die Bewohnerin um Unterstützung.

Damit gelang der Durchbruch!
Die Bewohnerin bastelte gerne und hat über anfängliche Einzelaktivierungen im Zimmer, den Anschluss an die Gruppenaktivierung gefunden.

Aussage der Bewohnerin:

„Sie haben mir so viel geholfen. Zu Beginn, als ich in dieses Haus kam, wollte ich nirgends mitmachen, ich lehnte alles ab und wartete nur noch auf mein Ende.

Jetzt fühle ich mich hier so wohl und genieße das Zusammensein mit den anderen Bewohnern. Die angebotenen Aktivierungen haben mein Leben auf ungeahnte Weise bereichert."

Einzel- oder Gruppenaktivierung

Wie bereits beschrieben, lassen Sie den neuen Bewohnern genügend Zeit, um bei Ihnen im Haus anzukommen.

Manche neuen Teilnehmer steigen begeistert in eine Aktivierung ein und bringen sich spontan mit ein. Das ist eher die Ausnahme.

- Viele neue Teilnehmer sind zu Beginn „Verweigerer" oder beobachten die Aktivierungsgruppen genau aus einer sicheren Entfernung. Motivieren Sie ohne Druck diese neuen Teilnehmer immer wieder.
- Vielleicht binden Sie diese Bewohner nicht sofort zu Beginn einer Aktivierung, sondern erst in den letzten 10 Minuten ein.
- Durch diese „schrittweise Einführung" gelingt es Ihnen häufig, die Freude an der Teilnahme zu wecken.
- Sie können die „Gruppenaktivierungen" zu Beginn in der „Einzelbetreuung" einsetzen. Das kann dann „der Schlüssel zum Erfolg" werden, um einzelne Teilnehmer an eine Gruppe heranzuführen.

- Selbstverständlich eignen sich die meisten der hier gezeigten Themen für die im Bett liegenden Bewohner, die gerne aktiviert werden möchten.

Bewegungsübungen in der Einzelbetreuung

Bettlägerige Personen werden häufig nicht so umfassend aktiviert wie Bewohner, die noch mobil sind.

- Legen Sie in Ihrem Aktivierungsplan für jeden dieser Bewohner täglich einen Zeitraum (ca.10 Minuten) fest, um diese mit „spielerischen Bewegungsübungen“ zu mobilisieren.
- Jeden Morgen besucht ein Mitarbeiter mit dem „Aktivierungswagen“ die bettlägerigen Bewohner um diese individuell zu mobilisieren. Dabei kann man ganz individuell auf die Bedürfnisse der jeweiligen Person eingehen.

Ausrüstung für den *Aktivierungswagen*

- Bunte Chiffontücher,
- Igelbälle,
- weiche Quetschbälle,
- weiche Therapiebälle,
- Reis- oder Kirschkernsäckchen,
- Wurfringe,
- Knisterdecken,
- Holzstäbe,
- Greifkegel.

Der wöchentliche Spaziergang

Zu Fuß, mit Rollator, mit Rollstuhl

Das Seniorenheim bietet einmal in der Woche, immer an einem bestimmten Tag, einen Spaziergang in der Einzelbetreuung an.

Mittlerweile kommt es im Foyer zu einem „Stau“, denn diese Einzelaktivierung gehört zu den beliebtesten im Haus.

Die Strecke ist immer dieselbe: „Einmal um den Block“ und das Interesse der Bewohner ist enorm groß. Warum?

Strecke

- Immer nur einmal um den Block. Mit keinem der Bewohner wird die Strecke 2 x zurückgelegt.

Dauer

- Ca.15 Minuten, je nach körperlicher Verfassung der Person

Welche Bewohner?

- Grundsätzlich darf jeder Bewohner mit. Egal ob die teilnehmende Person noch aktiv zu Fuß gehen kann, der Rollator eine wichtige Unterstützung ist oder die Person im Rollstuhl geschoben wird.

Jahreszeit

- Die Aktivierung wird vom Frühling bis in den Winter durchgeführt.
  Wichtig ist die entsprechende Kleidung.
- Bei strömendem Regen oder bei Eisglätte fällt diese Aktivierung aus.

Wer führt diese Aktivierung durch?

- Nach Möglichkeit sollte es immer dieselbe Betreuungsperson sein.

Ergebnisse

- Zu Beginn lief diese Einzelaktivierung etwas schleppend an, mittlerweile
  ist sie extrem beliebt.
- Die Bewohner erfahren in dieser Aktivierung eine ganz persönliche Zuwendung.
- Ob gesprochen wird, kommt auf den einzelnen Teilnehmer an.
  An manchen Tagen ist nur die „Stille“ gewünscht.
- Bewohner, die üblicherweise nicht kommunikativ sind, nutzen diese kurze Zeit, um zu reden.

ACHTUNG

Geben Sie den Bewohnern nicht das Gefühl, sprechen zu müssen.

Bewohner, bei denen kein verbaler Austausch mehr möglich ist, schätzen diese Aktivierung ebenfalls.

Bewohner, die bereits von Demenz betroffen sind, werden nach dieser Aktivierung häufig deutlich ruhiger und entspannter.

Lassen Sie sich bei dieser Aktivierung auf keinen Fall auf eine Gruppenaktivierung ein. Bleiben Sie bei der Einzelaktivierung.

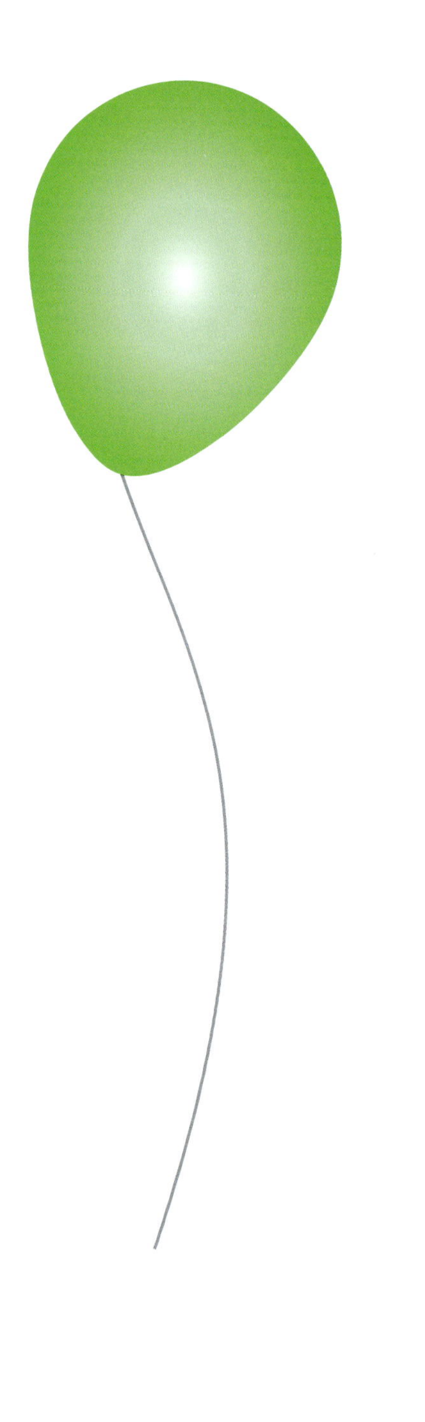

Aktivierung bei fortgeschrittener Demenz

Einführung

Männer und Frauen brauchen gerade bei schon weit fortgeschrittener Demenz ein hohes Maß an Zuwendung.

Musik

Singen ist die Königsklasse der Aktivierung. Alte Volkslieder, Kinderlieder, Schlager, Oper- oder Operettenmelodien und auch Kirchenlieder sind über einen langen Zeitraum im Langzeitgedächtnis verankert.

Die Bewohner können den Text nicht mehr abrufen oder das Sprechen ist ihnen unmöglich geworden. Ein leichtes Summen, die entspannte Körperhaltung oder der glückliche Blick zeigen, dass sich der Bewohner beim Umgang mit der Musik sehr wohlfühlt.

Musikalische Begleitung

Klavier, Mundharmonika, Zither oder Akkordeon sind beliebte Instrumente, die viele aus Ihrer Kindheit kennen.

Beim Hören dieser bekannten Melodien versuchen die Bewohner durch Summen, Klatschen, oder auf den Tisch trommeln, ihre Freude zum Ausdruck zu bringen.

Folgende Themenbereiche haben separate Aktivierungsanleitungen

- Der alte Kinderwagen,
- Die bunte Knopfkiste,
- Die Fühlkiste für Stoffe,
- Die Handtasche,
- Die Taschentücher,
- Der Nähkorb,
- Wäsche sortieren,
- Der Schraubenkoffer,
- Holz bearbeiten.

Der alte Kinderwagen

In einer Einrichtung lebte eine Dame, die extrem weglaufgefährdet war. Ständig versuchten die Betreuungskräfte, sie in eine Aktivierung mit einzubinden, doch leider ohne Erfolg.

Die Bewohnerin sprach immer von ihren „kleinen Kindern", die sie zu versorgen hätte.

Material

- Alter Kinderwagen vom Flohmarkt,
- größere Puppe,
- Kleidung für die Puppe,
- Plastiklöffel,
- Plastikteller,
- Babyflasche.

Durchführung

Die Bewohnerin durfte die Puppe „versorgen" und diese im Kinderwagen durch den Wohnbereich fahren.

Es war erstaunlich, wie umgänglich und ruhig diese Bewohnerin wurde. Sie hatte von nun an eine Aufgabe und war glücklich. Oft vom frühen Morgen bis in die Abendstunden hinein war die Bewohnerin mit „ihrem Kind" beschäftigt.

Allerdings durfte keine andere Bewohnerin diesen Kinderwagen anfassen.

Biografischer Hintergrund

- Die Bewohnerin war eine kinderlose Erzieherin.
- In einem anderen Beispiel war die Bewohnerin eine Nonne, die in ihrem Leben eigene Kinder vermisst hatte und nun in der Demenz mit der Versorgung dieses Babys sehr glücklich war.

TIPP

Der Erfolg dieser Biografischen Aktivierung liegt auch an dem Aussehen des Kinderwagens. Er sollte schon älter sein. Ein Haus kaufte einen modernen Kinderwagen doch dieser wurde von den Bewohnerinnen nicht angenommen.

Der Schraubenkoffer

„Die Werkstatt" – das Reich der Männer

Bei der Aktivierung mit den Schrauben, Muttern und „Unterlegscheiben" können Sie unterschiedliche Variationen wählen. An Demenz erkrankte Bewohner sortieren sehr gerne Schrauben und Muttern, denn früher gab es in jeder Werkstatt einen Schraubenkoffer.

ACHTUNG

- Auf die Größe der Gegenstände achten – auf keinen Fall zu kleine Teile auswählen!
- Immer dabeibleiben, dass keine Schraube in den Mund gelangt.

Folgende Variationen des Sortierens könnten angeboten werden:

- nach Größe sortieren,
- nach Form sortieren,
- nach Funktion sortieren,
- nach Farbe sortieren.

Vorbereitung

- Stellen Sie den Schrauben- und Mutternkoffer auf den Tisch.
- Die Sets sind meist mit einem durchsichtigen Kunststoffdeckel verschlossen, sodass der Inhalt bereits bei geschlossenem Deckel gesehen werden kann.
- Lassen Sie nach Möglichkeit den Bewohner den Koffer selbst öffnen.
- Lassen Sie zunächst einmal den Bewohner die Teile berühren.
- Sprechen Sie über die Verschiedenartigkeit und über deren Einsatz.
- Möglichst direkt auf der Tischplatte arbeiten, denn eine gemusterte Unterlage lenkt von den Materialien ab.

Durchführung

- Schütten Sie den Inhalt des Schraubenkoffers auf den Tisch.
- Überlassen Sie nun dem Bewohner das Einsortieren.

- Es dauert vielleicht einige Zeit, bis sich der Bewohner entscheiden kann, nach welchen Kriterien er anfängt, einzusammeln.
- Ob nach Größe, Funktionalität, Farbe, Form oder sonstigen Hintergründen, das bleibt dem Bewohner überlassen.
- Es kann sein, dass Sie den Anfang beim Sortieren machen müssen.
- So wie einsortiert wurde, so ist es gut! Keine Kritik!

Gesprächsimpulse

Lassen Sie die Bewohner im Gespräch über deren Bezug zu den Schrauben erzählen. Begleiten Sie diese Aktivierung mit passenden Fragen, um die Erinnerung zu intensivieren.

- Wo haben Sie Ihren Schraubenkoffer aufbewahrt?
- Welche Werkzeuge gab es bei Ihnen?
- Wer hat bei Ihnen zu Hause Gegenstände repariert?
- Welchen Handwerksberuf hätten Sie gerne erlernt?

Alternative „Fühlschnur"

Wenn das Sortieren der Schrauben wegen der fortgeschrittenen Demenz nicht mehr möglich ist, so binden Sie einige große Schrauben oder Muttern an eine Fühlschnur.

Die bunte Knopfkiste

„Der Erinnerungsschatz an früher"

Beim Spiel mit den Knöpfen können Sie verschiedene Variationen wählen. An Demenz erkrankte Personen sortieren gerne Knöpfe. Früher gab es in jedem Haushalt eine „Knopfschachtel" oder „Knopfkiste" Diese besondere Kiste verwahrte die Mutter und wenn diese mit Näharbeiten beschäftigt war, durften die Kinder mit dieser Knopfkiste spielen.

Folgende Knopfspiele sind noch aus den Kindertagen bekannt:

- nach Größe sortieren,
- nach Form sortieren,
- nach Funktion sortieren,
- nach Farbe sortieren.

ACHTUNG

Beobachten Sie demenziell erkrankte Bewohner bei dieser Aktivierung, denn die Gefahr des Verschluckens könnte auch hier gegeben sein. Deshalb diese Aktivierung nie ohne Aufsicht durchführen!

Vorbereitung

- Knopfdose (sehr beliebt ist eine verzierte Lebkuchendose).
- Die Knopfkiste sollte mit unterschiedlich großen und farbigen Knöpfen bestückt sein.
- Besonders beliebt sind Knöpfe, die mit Stoffen überzogen sind.
- Möglichst direkt auf der Tischplatte ohne Tischdecke. Keine gemusterte Unterlage, das lenkt von den unterschiedlichen Knöpfen ab.

Durchführung

- Schütten Sie den Inhalt der Knopfkiste auf den Tisch.
- Überlassen Sie nun der Bewohnerin das Einsortieren.
- Es benötigt oft viel Zeit, bis sich die Bewohnerin entscheiden kann, nach welchen Kriterien sie anfängt zu sortieren.
- Ob nach Größe, Funktionalität, Farbe, Form oder sonstigen Kriterien, das bleibt der Bewohnerin überlassen.
- Es kann sein, dass Sie den Anfang beim Sortieren machen müssen.
- So wie einsortiert wurde, ist es gut! Keine Kritik!

Gesprächsimpulse

Lassen Sie die Bewohner im Gespräch über deren Bezug zu den Knöpfen erzählen. Begleiten Sie diese Aktivierung mit passenden Fragen, um die Erinnerung zu intensivieren.

- Welche Kleidungsstücke haben Sie selbst genäht?
- Wo haben Sie Ihre Knöpfe gekauft?

- Wo haben Sie Ihre Knöpfe aufbewahrt?
- Wo konnten Sie Knöpfe überziehen lassen?
- Mit welchem Material haben Sie Knöpfe überziehen lassen?

Andere Möglichkeiten

- Wenn das Einsortieren keinen Spaß bereitet, beginnen Sie mit den Knöpfen „Gegenstände" (Haus, Baum, Sonne) zu legen.
- Sie können dazu eine passende Vorlage vorbereiten, die dann ausgelegt wird.

Die Fühlkiste für Stoffe

Das Fühlen (Haptik) ist für viele, gerade bei fortgeschrittener Demenz noch eine wichtige „Kommunikationsmöglichkeit".

Durch das Ertasten und Befühlen einzelner Stoffe, können Sie die biografische Erinnerungsfähigkeit für kurze Momente „erwecken".

Das gilt auch für geistig noch rege Personen, um Erinnerungen zu wecken. Sie berichten häufig über besondere Kleidungsstücke, die sie zu unterschiedlichen Anlässen getragen haben.

Material

- Verschiedene Stoffquadrate (20 x 20 cm).
- Viele unterschiedliche Farben anbieten.
- Achten Sie auch auf die Designvielfalt.
- Geeigneter Pappkarton mit Deckel.

Vorbereitung

- Sammeln Sie Stoffe von unterschiedlichem Material und Beschaffenheit.
- Stricken oder häkeln Sie Quadrate aus unterschiedlicher Wolle (Baumwolle, Angora, Kaschmir).

Durchführung

- Öffnen Sie den Stoffkarton.
- Legen Sie unterschiedliche Stoffquadrate auf den Tisch und lassen Sie die Bewohner fühlen.
- Sie können auch die Bewohner selbst in den Karton greifen und sich einen Stoff aussuchen lassen.

TIPP

Lassen Sie den Bewohnern genügend Zeit, um über deren Erlebnisse zu berichten, wenn sie dazu verbal noch in der Lage sind.

Beobachten Sie bei demenziell erkrankten Bewohnern genau deren Körperreaktionen (Freude/Ablehnung).

Materialien

- Baumwolle,
- Jeans (aus der Arbeitswelt),
- Seide,
- Tüll,
- Taft,
- Leder,
- Mischgewebe,
- Damast,
- Leinen,
- Frottee,
- Plüsch,
- Wolle.

Geeignet als Einzelaktivierung und Gruppenaktivierung.

Die Handtasche

Eine Handtasche zu besitzen, war früher schon ein Luxus. Deshalb hatte die Frau meist ein ganz „besonderes Verhältnis“ zu ihrer Tasche.

Mit großem Stolz trug die Frau die Handtasche, wenn die Geldbörse, die Handschuhe und die Schuhe passend dazu abgestimmt waren.

Materialien der Tasche

- Leder,
- Kunstleder,
- Kroko-Leder (sehr teuer),
- Lacktaschen,
- Filz,
- aus Bast gehäkelt.

Inhalt der Tasche

- Stofftaschentuch,
- Geldbeutel,
- Gehäkeltes Einkaufsnetz,
- Erfrischungstuch,
- Riechfläschchen,
- Hustenbonbons,
- Pillendose,
- Parfüm (4711, Echt Kölnisch Wasser oder Tosca),
- Kleiner Handspiegel,
- Rosenkranz (katholischen Frauen),
- Gebetbuch.

Bewegungsübungen

- Druckknopf öffnen und schließen,
- Reißverschluss öffnen und schließen,
- Schnallenverschluss öffnen und schließen,
- Tasche über die Schultern hängen,
- Tasche ein- und ausräumen.

TIPP

Bewohnerinnen, deren Demenz schon weit fortgeschritten ist, sind meist damit beschäftigt, die Tasche ein- und auszuräumen. Es ist zu erkennen, dass sie diese Aufgabe mit viel Sorgfalt und Freude erfüllen.

Die Taschentücher

Taschentücher hatten im früheren Leben der Bewohner eine besondere Bedeutung. Je nach Anlass wurden unterschiedliche Taschentücher benutzt.

Grundsätzlich gab es das Stofftaschentuch – das Papiertaschentuch gab es nicht.

Taschentücher waren aus Leinen oder aus Baumwolle, wurden gestärkt und exakt gebügelt.

Verschiedene Taschentücher

- Spitzentaschentuch zu besonderen Anlässen.
- Dieses Taschentuch wurde mit feiner Spitze umhäkelt und war meist mit dem Monogramm bestickt.
- Sonntagstaschentuch – nicht unbedingt bestickt, aber in der Farbe „weiß".
- Dunkel kariertes Taschentuch war das Alltagstaschentuch.
- Männertaschentuch war schon immer deutlich größer als das der Frauen. Auch hier gab es Unterschiede zwischen karierten für den Alltag und den weißen für den Sonntag.

Taschentuchaktivierung

- Taschentücher glattstreichen und zusammenlegen,
- Taschentücher nach Größe sortieren (Männer und Frauen),
- Taschentücher der Farbe nach sortieren,
- Taschentücher nach Funktion sortieren.

TIPP

Legen Sie zu den Stofftaschentüchern Papiertaschentücher. Kann die Bewohnerin den Unterschied noch erkennen? Sprechen Sie über den Einsatz eines Papiertaschentuches.

- Welche Bezeichnung hat ein Papiertaschentuch?
  (Tempo, denn früher gab es die große Auswahl noch nicht),

- Warum haben Sie kein Papiertaschentuch verwendet? (Es war Verschwendung – zu teuer)

Taschentuchbehälter

- Diesen gab es früher in jedem Haushalt. Er wurde von den unverheirateten Frauen geklöppelt, genäht und verziert oder gehäkelt.
- Mädchen bekamen diesen Behälter zur Kommunion oder Konfirmation.

Wenn Sie auf dem Flohmarkt oder aus der Haushaltsauflösung einen „Taschentuchbehälter" erwerben können, erfreuen Sie demenziell erkrankte Bewohnerinnen besonders.

Holz bearbeiten

Männeraktivierung in der Demenzbetreuung

Diese Methode der „Holzbearbeitung" eignet sich besonders für an Demenz erkrankte Bewohner. Mit großem Engagement und sichtlicher Freude bearbeiten Männer Holzblöcke mit dem Schleifpapier.

Es gibt keine Vorgaben. „Der Weg ist das Ziel".

Material

- Holzblöcke ca. 30 cm lang und 10 cm breit, nicht behandelt.
- Diese Holzstücke kann man günstig im Baumarkt oder beim Holzfachhändler kaufen.
- Einige Firmen verschenken diese Abfallstücke oder bieten sie zu einem günstigen Preis an.
- Schleifpapier in unterschiedlicher „Körnung".
- Abwaschbare Unterlage für den Tisch.
- Besen und Kehrschaufel.

TIPP

Die Körnung sollte nicht zu grob sein, damit die Bewohner sich nicht an der Haut verletzen können.
Bleiben Sie am Tisch sitzen, für den Fall, dass ein Bewohner Ihre Hilfe benötigt.

Durchführung

- Decken Sie den Tisch zum Schutz ab.
- Schleifen Sie selbst ein Stück Holz ab, um dem demenziell erkrankten Bewohner eine Hilfestellung zu geben.
- Geben Sie den Bewohnern am Tisch ein Holzstück zur „Bearbeitung".
- In der Regel werden die Kanten des Holzblockes abgeschliffen und bearbeitet.

Es ist erstaunlich, mit welcher Sorgfalt Bewohner die Kanten des Holzstückes bearbeiten. Häufig setzen die Bewohner dabei Schleifpapier mit unterschiedlicher Körnung ein.

Zeitlicher Umfang

Den zeitlichen Umgang bestimmen die Bewohner selbst. Die Aktivierung kann so lange durchgeführt werden, wie der demenziell erkrankte Bewohner Freude an der „Arbeit" hat.
Sie können diese Aktivierung als Einzelaktivierung oder als Gruppenaktivierung anbieten.

ACHTUNG

Wenn mehrere Bewohner gleichzeitig bei dieser „Holzbearbeitung" tätig sind, ist es hilfreich, wenn Sie zwischendurch den Tisch abkehren.

Nähkorb oder Nähkästchen

Ein Handarbeitskorb war in jedem Haushalt präsent. Er hatte seinen festen Platz und die Flickarbeiten wurden meist an bestimmten Wochentagen gemacht. Strümpfe, Feinstrumpfhosen, Unterwäsche – alles wurde geflickt.

Früher gab es in Wollpullovern häufig Mottenlöcher – diese wurden möglichst unauffällig gestopft, denn man wollte verhindern, dass die Anderen sahen, dass Motten im Schrank waren.

Im Handarbeitskorb sollten auf keinen Fall Näh-, Stopf- oder Stecknadeln sowie eine Schere (Verletzungsgefahr) enthalten sein.

Folgenden Inhalt könnte ein Nähkorb/Kästchen haben

- Fingerhut,
- Stopfei,
- verschiedene Garnrollen,
- Stopfgarn,
- Sternfaden,
- Knopflochgarn,
- Gummiband,
- Maßband zusammenrollbar,
- Knöpfe,
- Druckknöpfe.

Einführende Fragen

- Welche Kleidungsstücke haben Sie geflickt oder gestopft?
- Welche Kleidungsstücke waren besonders schwierig zu flicken?
- Wann haben Sie geflickt? Gab es vielleicht einen besonderen Tag dafür?
- Wer hat Sie bei dieser Arbeit unterstützt?
- Wo haben Sie flicken und nähen gelernt?
- Wo haben Sie Ihr Stopfgarn gekauft?
- Haben Sie eine Nähmaschine besessen?
- Welche Kleidungsstücke haben Sie selbst genäht?
- Haben Sie auch für andere Personen genäht?

Durchführung

- Lassen Sie die Bewohnerin den Nähkorb oder das Nähkästchen in Ruhe betrachten.
- Geben Sie einzelne Nähutensilien der Bewohnerin die Hand.
- Stellen Sie Fragen zu den einzelnen Gegenständen.
- Wenn die demenziell erkrankte Bewohnerin auf offene Fragen nicht antworten kann, stellen Sie Fragen, die nur mit „Ja“ oder „Nein“ zu beantworten sind.

Wäsche sortieren / Sockenlotto

Die Wäsche war früher der Stolz der Hausfrau. Viele Hausfrauen hatten ihre „speziellen Haushaltstricks“, um Flecken zu entfernen oder die Wäsche besonders weiß zu erhalten. Diese „Geheimnisse“ wurden nur innerhalb der Familie weitergegeben. Die Art wie die Wäsche auf der Wäscheleine aufgehängt wurde, zeigte den Nachbarn, wie perfekt die Hausfrau war. Man beobachtete und wurde beobachtet.

Bewohnerinnen, die an fortgeschrittener Demenz erkrankt sind und an keiner Aktivierung teilnehmen können, lassen sich mit Wäsche besonders erfolgreich aktivieren.

Schaffen Sie einen Fundus mit Socken, Geschirrtücher, Handtücher oder Waschhandschuhe, legen Sie diese in einen Wäschekorb und bringen Sie diesen Korb zur Bewohnerin.

Sie werden sehen, wie begeistert die „perfekte Hausfrau“ in dieser Rolle aufgeht.

Socken Lotto

Farblich verschiedene Socken auf den Tisch legen und diese sortieren lassen.

ACHTUNG

- Keine dunklen Socken nehmen, denn die sind schwierig zu sortieren,
- farblich unterschiedliche Socken,
- Socken mit Muster,
- Gestrickte Socken.

Geschirrtücher zusammenlegen

Geschirrtücher wurden früher exakt gebügelt und zusammengelegt. Die Aufgabe des Zusammenlegens erledigen demenziell erkrankte Frauen noch immer sehr gerne.

Am beliebtesten sind karierte Baumwoll- oder Halbleinen Geschirrtücher, denn diese Materialien wurden früher im Haushalt verwendet.

Frotteehandtücher oder Waschhandschuhe zusammenlegen

Dieses weiche Material eignet sich ebenfalls sehr gut für die Aktivierung. Es sind Alltagsgegenstände, mit denen die Hausfrau täglich umgegangen ist.

TIPP

Das Berühren der Finger und Hände mit den bekannten biografischen Materialien fördert in besonderem Maße die Feinmotorik.

Biografische Aktivierung

Einführung

Mit Themen aus dem Leben der Bewohner können Sie gezielt „Schlüsselreize“ setzen.

Im momentanen Umfeld der Bewohner hat sich Vieles geändert. Zahlreiche Gegenstände oder Abläufe, die früher zum täglichen Leben gehörten, gibt es heute in dieser Form nicht mehr.

Die Kaffeemühle war ein Gebrauchsgegenstand, der in jedem Haushalt benutzt wurde. Dieser Gegenstand wurde zunehmend weniger eingesetzt, als gemahlener Kaffee im Handel angeboten wurde. Die Teilnehmer aus den Gesprächsrunden erinnern sich meist spontan an dieses Haushaltsgerät und erzählen gerne über ihre Erfahrungen. Interessanter Weise ist zu beobachten, dass Männer bei dieser Aktivierung sehr lebhaft mitdiskutieren, denn häufig waren sie für das Mahlen der Kaffeebohnen zuständig.

Themen wie alte Postkarten, beim Friseur, Bücher, Sammeltassen, Schallplatten oder Werbeslogans werden Ihren Bewohnern viel Freude in der Aktivierungsrunde bereiten.

Alte Kaffeemühlen

Material

- Handbetriebene Kaffeemühlen,
- elektrisch betriebene Kaffeemühlen,
- Kaffeebohnen,
- Kaffeeverpackungen.

Durchführung

- Kaffeemühle in die Hand nehmen und daran riechen lassen.
- Kaffeebohnen in die Hand nehmen und daran riechen lassen.
- Wie wird eine Kaffeemühle „bedient“? (Zwischen die Beine klemmen …)
- Wo werden die Kaffeebohnen eingefüllt?
- An der „Kurbel“ selbst drehen lassen.
- Kaffeeschublade öffnen und schließen.
- Elektrische Kaffeemühlen einstecken und auf das Geräusch achten.

Gesprächsimpulse

- Zu welchen Anlässen haben Sie „richtigen Bohnenkaffee“ aufgebrüht?
- Woher hatten Sie während der „schlechten Zeit“ Ihre Kaffeebohnen?
- Wie oft haben Sie die Kaffeebohnen gemahlen?
- Wie wurde Kaffee aufbewahrt?
- Wurden in der Kaffeemühle auch andere Lebensmittel gemahlen?
- Hatten Sie besondere Kaffeetipps?
- Welches Getränk gab es früher zum Frühstück?
- Welchen löslichen Kaffee haben Sie benutzt?

Begriffe

- Kennen Sie den Begriff „Linde‘s Kaffee“?
- Erinnern Sie sich an „Malzkaffee“?
- Was ist ein „Zichorienkaffee“?
- Kennen Sie einen „Getreidekaffee“?
- Was ist ein „Muckefuck“?
- Kennen Sie den Begriff „Bodensee Kaffee“? (Sehr dünner Kaffee).

Kaffeesorten aufzählen

- Jacobs Kaffee,
- Kaffee Hag,
- Eduscho Kaffee,
- Darboven Kaffee,
- Tchibo Kaffee,
- Mövenpick,
- Nescafe,
- Dalmayer Kaffee,
- Idee Kaffee,
- Onko,
- Melitta.

Alte Postkarten

Material

- Urlaubskarten,
- Ansichtskarten,
- Geburtstagskarten,
- Schwarz-Weiß Karten,
- Motivkarten (Hummelfiguren),
- Künstlerkarten,
- „Neutrale Postkarten".

Durchführung

- Postkarten in die Hand nehmen lassen,
- die Postkarten lesen lassen,
- über die Briefmarke reden,
- über die eigenen Erinnerungen erzählen lassen,
- einen Brief zu den Karten legen, um den Unterschied zu erkennen.

Gesprächsimpulse

- Zu welchen Anlässen haben Sie Postkarten geschrieben?
- Von wem haben Sie Postkarten bekommen?
- Erinnern Sie sich an besondere Postkarten?
- Wem haben Sie vom Urlaub eine Postkarte geschrieben?
- Wie lange hat der Postweg früher aus Italien gedauert?
- Wie war das mit dem „Postgeheimnis" früher?

- Welche Motive haben Ihnen besonders gut gefallen? (Blumen, Tiere, Landschaften, Häuser, lustige Motive …)

Begriffe erklären lassen

- Briefmarke,
- Porto,
- Luftfracht Brief (Airmail),
- Briefwaage,
- Briefgeheimnis,
- Abstempeln,
- Briefträger/Postbote,
- Päckchen,
- Büttenpapier,
- Briefpapier,
- Packpapier.

Beim Friseur

Material

- Lockenwickel,
- Haarnetz,
- „Dutt",
- Haarnadeln,
- Haarklips,
- Stilkamm,
- Friseurumhang,
- aufblasbare Trockenhaube.

Durchführung

- Lockenwickel in die Hand nehmen und befühlen.
- Wie und wann wurde der Friseurumhang umgelegt?
- Wie benutzt man ein Haarnetz?
- Warum benutzt man einen Stielkamm?
- Welche Teile davon haben Sie früher benutzt?

Gesprächsimpulse

- Wer hat Ihnen früher die Haare geschnitten?
- Zu welchem Anlass ließen Sie sich Ihre erste Dauerwelle machen?
- Welche Modefrisur haben Sie getragen (Haarteil …)?

- Welche Kleidung trug früher die Friseurin/der Friseur?
- Wie hat es früher im Friseursalon ausgesehen?
- Haben Sie ein Ondulier Eisen/Lockenstab benutzt?
- Wann wurde Pomade verwendet?

Begriffe

- Was ist ein „Pferdeschwanz“?
- Was ist ein „Pilzkopf“ (Erinnerung an Beatles)?
- Was ist ein „Pagenkopf“?
- Erinnern Sie sich an den Begriff „Minipli“?
- Was ist eine „Meckifrisur“?
- Was ist eine „Tolle“?
- Was ist ein „Rundschnitt“?
- Was ist eine „Wasserwelle“?
- Was bedeutet der Begriff „toupieren“?

Bücher

Material

- Schulfibel,
- Liederbuch,
- Kochbuch,
- Märchenbuch,
- Struwwelpeter Buch,
- Max und Moritz Buch,
- Bilderbuch,
- Buchständer.

Durchführung

- Bücher in die Hand nehmen lassen.
- Auf die unterschiedliche Schrift in den Büchern achten (Sütterlin).
- Den Inhalt der Bücher betrachten.
- Den Unterschied der Bücher erklären.
- Den Sinn des Buchständers erklären.
- Eine Passage aus dem Buch vorlesen.

Gesprächsimpulse

- Welche Bücher haben Sie früher gelesen?
- Wer hat Ihnen Bücher geschenkt?
- Zu welchem Anlass bekamen Sie Bücher geschenkt?
- Welches Buch lesen Sie besonders gerne?
- Wer ist Ihr Lieblingsautor bzw. Ihre Lieblingsautorin?
- Wann hatten Sie Zeit zum Lesen?
- Was haben Sie als „Buchzeichen“ benutzt?
- Welches Buch haben Sie Ihren Kindern vorgelesen?

Begriffe erklären lassen

- Bilderbuch,
- „Groschenroman“,
- Zeitschrift,
- Zeitung,
- Bibel,
- Märchenbuch,
- Tagebuch (Zuhause),
- Tagebuch (in der Schule),
- „Brockhaus“,
- Leihbücherei.

Sammeltassen

Material

- Verschiedene Sammeltassen,
- Mokkatassen,
- Kaffeegedeck von früher,
- Kaffeegedeck von heute.

Durchführung

- Unterschiedliche Sammeltassen auf den Tisch stellen.
- „Neutrales Kaffeegedeck“ dazustellen (wer bemerkt den Unterschied).
- Mokkatasse mit eindecken.
- Passende Kuchengabeln und Kaffeelöffel dazulegen (evtl. Hildesheimer Rose).

- Passende Tischdecke (weißen Damast, Leinen) wählen.
- Servietten.
- Kaffeegedeck befühlen lassen.

Gesprächsimpulse

- Zu welchen Anlässen haben Sie Sammeltassen bekommen?
- Wer hat Ihnen Ihre erste Sammeltasse geschenkt?
- Welche Motive hatten Ihre Sammeltassen?
- Wo wurden Sammeltassen aufbewahrt?
- Zu welchen Anlässen haben Sie Sammeltassen aufgedeckt?
- Wie wurden Sammeltassen gereinigt?
- Wir sprechen immer nur von Sammeltassen? Gab es auch Teller dazu?
- Wann haben Sie Mokkatassen eingedeckt?
- Wie viele Teile hatte Ihr Service?

Welche Porzellanhersteller kennen Sie?

- Meissner Porzellan,
- Rosenthal,
- Seltmann Weiden,
- Melitta,
- Eschenbach,
- KPM (Königliche Porzellan Manufaktur),
- Schönwald Porzellan,
- Bavaria,
- Winterling.

Erweiterung der Aktivierung

Gestalten Sie eine gemütliche Kaffeerunde im kleinen Kreis. Decken Sie die Kaffeetafel so, wie sie früher eingedeckt wurde. Servieren Sie den Kaffee in einer schönen Kaffeekanne und mit einem selbst gebackenen Kuchen.

Schallplatten

Material

- Langspielplatten (LP),
- Singleplatten (SP),
- Plattenhüllen,
- Schallplatten Sammelmappe,
- Bilder von Grammophonen,
- Bilder von Schallplattenspielern.

Durchführung

- Schallplatten in die Hand nehmen lassen.
- Den Unterschied zwischen LP und SP erklären
- Plattenhüllen lesen.
- Schallplatten in die Sammelmappe einordnen lassen.
- Über die „Lieblingssongs" reden.
- Wie wurde Ihr Grammophon bedient?

Gesprächsimpulse

- Welche Farbe hatten die Schallplatten? (Schwarz)
- Wie viel Mark hat eine Singleplatte gekostet? (5 Mark)
- Wo haben Sie die Schallplatten gekauft?
- Mit wem haben Sie Schallplatten getauscht?
- Wie groß war Ihre Schallplattensammlung?
- Was bedeutete ein „Kratzer" in der Platte?
- Wo im Haus konnten Schallplatten abgespielt werden?
- Wann haben Sie Ihren ersten Plattenspieler gekauft?

Bekannte Stars der Zeit

- Willi Hagara (Mandolinen und Mondschein),
- Vico Torriani (Du schwarzer Zigeuner),
- Rudi Schuricke (Capri Fischer),
- Peter Alexander (Badewannentango),
- Rudolf Schock (Ach ich hab in meinem Herzen da drinnen),
- Katharina Valente (Ganz Paris träumt von der Liebe),
- Marlene Dietrich (Ich bin von Kopf bis Fuß auf Liebe eingestellt),
- Peter Krauss (Mit 17 hat man noch Träume).

Werbeslogans

Die gute alte „Clementine“

Ein eigenes Fernsehgerät zu besitzen, war schon etwas ganz Besonderes. Zuerst zog das gute alte „Schwarz-Weiß-Fernsehgerät“ und später das Farbfernsehgerät in das Wohnzimmer ein.

Die Werbeikonen der früheren Zeit verkörperten mit ihren „flotten Sprüchen“ dem Zuschauerkreis, dass man mit den richtigen Hilfsmitteln auch wirklich alles erreichen konnte.

- Schönheit (Kosmetik),
- Gelassenheit (Zigaretten),
- Sauberer Haushalt (Poliyboy),
- Blütenreine Wäsche (Waschmittel).

Vorbereitung

Stimmen Sie die Teilnehmer auf die Werbesendungen von früher ein. Vielleicht mit einem älteren Fernsehmagazin (kann auch ein aktuelles sein) oder Sie fragen einfach: „Erinnern Sie sich noch an die flotten Werbesprüche von früher“?

Viele der Teilnehmer erinnern sich lebhaft an bekannte „Spots“

- Ich geh meilenweit für meine … Camel Filter.
- Nicht gleich in die Luft gehen … greife lieber zu HB.
- Nichts geht über Bärenmarke, Bärenmarke … zum Kaffee.
- Frau Antje bringt Käse … aus Holland.
- Rennie räumt den … Magen auf.
- Mars bringt verbrauchte Energie … sofort zurück.
- Nicht nur sauber, … sondern rein (Ariel).
- Milka, die zarteste Versuchung seit es … Schokolade gibt.
- AEG … aus Erfahrung gut.
- Er läuft und läuft … und läuft (VW Käfer).
- An meine Haut lasse ich nur Wasser … und CD (Seife).
- Auf diese Steine können … Sie bauen (Schwäbisch Hall).
- Ei, Ei, Ei, Verpoorten …Verpoorten aller Orten (Eierlikör).

- Komm Brüderchen, trink … Kosaken Kaffee (Likör).
- Mein Hüfthalter … bringt mich um (Playtex Zauberkreuz).
- Nie war er so wertvoll … wie heute (Klosterfrau Melissengeist).
- Pack den Tiger … in den Tank (Esso).

Gesellige Runden

Einführung

Gesellige Runden sind für die Gemeinschaft enorm wichtig. Nicht die einzelne Leistung, sondern die Freude am gemeinsamen Tun und eine Abwechslung zum normalen Tagesablauf prägen diese Runden.

Am „besonderen Frühstück“ ist dies deutlich zu erkennen.

Im Sommer trinken Bewohner bei dem Angebot der beschriebenen Fruchtcocktails deutlich mehr – ohne ständige Aufforderung zum Trinken. Die im Rezept empfohlenen Fruchtsaftanteile können jederzeit durch einen deutlich höheren Mineralwasseranteil ersetzt werden.

Die Reimgedichte bringen immer einen besonderen Spaß in der Gruppe. Es geschieht häufig, dass Bewohner dadurch die Initiative ergreifen und motiviert sind, selbstständig einfache Gedichte zu verfassen.

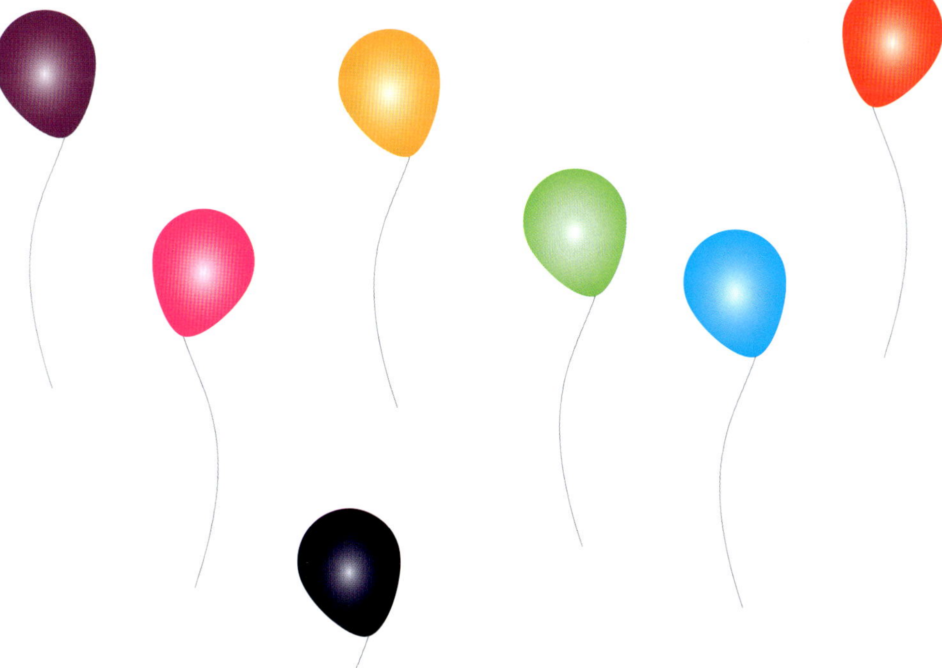

Aktive Tischrunde mit dem Softball

Bei dieser aktiven Tischrunde kommt sehr schnell Freude und Dynamik auf. Sie benötigen keine Vorbereitung, außer, dass kein Gegenstand auf dem Tisch stehen sollte.

Material

- Softball (in der Größe eines Tennisballes),
- Pappteller.

Durchführung

- Alle Mitspieler sitzen am Tisch.
- Jeder Mitspieler erhält einen Pappteller.
- Ein Softball wird in die Runde geworfen.
- Jeder Mitspieler darf den Softball nur mithilfe des Papptellers berühren.
- Der Ball darf nicht mit den Fingern berührt werden.
- Der Ball muss immer auf dem Tisch gespielt werden.
- Der Ball darf nicht auf den Boden fallen.

Bei diesem Ballspiel kommt schnell eine Begeisterung und Dynamik auf, denn durch die Größe des Papptellers haben die Bewohner eine „größere Berührungsfläche" für den Ball.

Auch Bewohner, die körperlich eingeschränkt sind, können meist mit der gesunden Körperseite gut mitspielen.

TIPP

Dieses Spiel kann ganz variabel eingesetzt werden:

- Als „kurze Lockerungsrunde",
- als längere Aktivierung,
- zur Überbrückung von kurzen Zeiteinheiten.

Aktivierung rund um die „Freude“

Einführung

„Freude“, was bedeutet das denn für die einzelnen Bewohner? Jeder hat dazu eine ganz andere Vorstellung oder Erinnerung.

- Welche Momente waren ganz besonders in Ihrem Leben?
- An welche Ereignisse erinnern Sie sich noch sehr gerne?

Unterstützend können Sie zur Einführung von Ihrem schönsten Erlebnis berichten – das „öffnet“ Ihre Teilnehmer und animiert Sie, aus dem eigenen Leben zu berichten.

Themen:

- Der erste Kuss,
- die erste große Liebe,
- der schönste Liebesbrief,
- das erste Auto,
- der erste Urlaub,
- die Schulentlassung,
- das erste Gehalt,
- die Hochzeit,
- die erste Wohnung,
- der Einzug ins eigene Haus,
- das erste Kind,
- dass erste Enkelkind,
- die Heimkehr aus dem Krieg,
- der Abschluss der Lehre oder des Studiums,
- die erste Zigarette,
- die erste Tasse Bohnenkaffee,
- die ersten „Stöckelschuhe,“
- der Tanzstundenball.

Durchführung

Legen Sie passende Utensilien in die Tischmitte (Fotos, Schuhe, „Liebesbrief“ …). Die Gegenstände wecken die Erinnerungsfähigkeit der einzelnen Bewohner.

Die Bewohner lieben dieses Thema, denn die Erinnerungen daran sind häufig sehr präsent.

Alternative

Sie lesen zum Einstieg ein Gedicht, einen Text oder ein Zitat zum Thema „Freude“ vor.

- „Die Freude ist überall. Es gilt sie nur zu entdecken.“ *Konfuzius*

- „Die schönste Freude erlebt man immer da, wo man sie am wenigsten erwartet.“ *Antonie de Saint Exupery*
- „Jeder Tag, an dem du nicht lächelst, ist ein verlorener Tag.“ *Charlie Chaplin*

Das besondere Frühstück

„Der gute alte Bohnenkaffee“

Bieten Sie alle zwei Wochen ein ganz besonderes Frühstück an. Hierbei sollten Sie darauf achten, dass Ihre Teilnehmer durchwechseln, um alle daran teilhaben zu lassen.

Sollte ein Bewohner ablehnen dran teilzunehmen, dann akzeptieren Sie das.

Vorbereitung allgemein

- Absprache mit der Küche, welche Lebensmittel Sie vorbestellen möchten.
- Bestellen Sie nicht mehr als 3 zusätzliche Komponenten zum üblichen Frühstück.
- Organisieren Sie einen separaten Raum.
- Laden Sie im Vorfeld die Teilnehmer persönlich ein.

Überprüfen Sie den „Fundus“ des Hauses. Meist sind wunderschöne „Sammlerstücke“ im Schrank verborgen. Dazu gehören:

- Besondere Tischwäsche (Damast, bestickte Tischdecken),
- Sammeltassen,
- Kaffee- und Teeservice aus früherer Zeit (Blumendekor, Goldranddekor),
- Passende Servierteller,
- Besonderes Besteck (vielleicht auch Silberbesteck),
- Kaffee- und Teekannen,
- Zucker- und Milchkännchen,
- Serviettenringe.

ACHTUNG

Achten Sie unbedingt auf Diätvorschriften einzelner Personen.

Vorbereitung am „Frühstückstag"

- Decken Sie den Tisch mit besonderer Tischwäsche.
- Nehmen Sie nicht das übliche Porzellan.
- Decken Sie passende Servietten mit ein.
- Lassen Sie den Eindruck einer besonderen „Kaffeetafel" entstehen.

Frühstücksangebot

- Die in Ihrem Haus üblichen Frühstückskomponenten (Käse, Wurst) auf dekorativen Platten anrichten.
- Brötchen und Brot in kleinere Brotkörbchen verteilen.
- Marmelade in Glasschalen füllen.

Zusätzliche Angebote können sein

- Früchtequark,
- Obstsalat frisch zubereitet,
- Selbst zubereitete Smoothies,
- Müsli,
- Waffeln frisch zubereitet,
- Rührei (auch aus Eiersatz),
- Fruchtsaft.

Kaffee

Ein Beispiel aus der Praxis:
Bewohner haben sich beschwert, dass der Kaffee, welchen es im Speiseraum gibt, ein sehr schlechter Kaffee wäre.

Beim „besonderen Frühstück" wurde dieser Kaffee in schöne, alte Kaffeekannen eingefüllt und serviert.

Die Reaktion der Bewohner war verblüffend! Alle, ohne Ausnahme haben diesen Kaffee genossen. „Endlich trinken wir einen guten Kaffee", waren die Aussagen.

Dieses Beispiel zeigt, dass man mit „kleinen Mosaiksteinchen" den Bewohnern eine Freude machen kann.

- Wenn Sie sich die Zeit nehmen möchten, um den Kaffee von Hand aufzubrühen, ist das auch ein besonderes Erlebnis.

- Die Verwendung eines Kaffeefilters der Marke „Melitta" ist der „Hit".
- Nie gemeinsam mit den Bewohnern den Kaffee aufbrühen „Verbrühungsgefahr".
- Nur Betreuungspersonal darf diese Aufgabe übernehmen.
- Der Duft von frisch aufgebrühtem Kaffee sorgt für viel „Gesprächsstoff."

Getränke

- Tee, heiße Milch oder Kakao, Mineralwasser, Säfte runden die Auswahl der Getränke ab.

TIPP

Bei dieser Aktivierung benötigen Sie kein zusätzliches Rahmenprogramm, denn in dieser kleinen Runde entwickeln sich ganz entspannte Gesprächsrunden mit vielen biografischen Themen. Meist ist es die „gute alte Zeit".

Der herzhafte Männerstammtisch

„Zünftiges Essen – so lieben es die Männer"

Bieten Sie für die Männer in Ihrem Haus einen „herzhaften Männerstammtisch" an. Immer wieder kommt der Wunsch nach einem herzhaften Essen auf. Dabei unterscheidet sich das Speisenangebot deutlich von dem der Frauen.

Organisieren Sie den Stammtisch als „Frühschoppen" um 11.00 Uhr und ersetzen somit das Mittagessen oder wählen 17.00 Uhr und ersetzen das Abendessen.

Vorbereitung allgemein

- Absprache mit der Küche, welche Lebensmittel Sie vorbestellen möchten.
- Organisieren Sie evtl. alkoholfreies Bier.
- Organisieren Sie einen separaten Raum.
- Laden Sie im Vorfeld die Teilnehmer persönlich ein.

ACHTUNG

Achten Sie unbedingt auf Diätvorschriften, Allergien oder „trockene Alkoholiker".

- Klären Sie ab, ob Sie alkoholische Getränke (Bier, Wein) in kleinen Mengen ausschenken dürfen.
- Denken Sie daran, auch „alkoholfreies Bier" enthält kleine Mengen an Alkohol und ist somit auf keinen Fall für trockene Alkoholiker geeignet.

Welche deftigen Speisen eignen sich für Männerrunden?

- Herzhaftes Brot,
- Brezeln,
- Weißwürste,
- Süßer Senf,
- Senf,
- Radieschen,
- Rauchfleisch,
- eingelegte Gurken oder Mixed Pickles,
- Mettwurst,
- Tellersülze,
- Obazder,
- Käseplatte mit „deftigen Käsesorten",
- Getränke in Absprache mit der Pflege.

TIPP

Bestellen Sie kleine Weißwürste oder kleine Brezeln. Für viele Männer ist es wichtig, ein „Paar Weißwürste" zu essen, und die sind in der üblichen Größe oft zu üppig.

Gläser

Achten Sie darauf, dass Sie kleine Weizenbiergläser oder kleinere Biergläser im Fundus haben, denn Bier aus Wassergläsern zu trinken, macht Männern wenig Freude.

Vorbereitung am Tag

- Organisieren Sie eine passende, rustikale Dekoration (Bierkrüge, Bierdeckel).
- Blau-Weiße Servietten oder unifarbene Servietten.
- Auf Holzbrettchen zu essen ist „biografisches Aktivieren".
- Evtl. passende Musik-CD besorgen.

Kleidung der Mitarbeiter

Wenn Sie das ganze „Bayrisch" gestalten, so freuen sich die Bewohner besonders, wenn die Mitarbeiter in Lederhosen oder zumindest in einem karierten Hemd erscheinen und die Mitarbeiterinnen Dirndl tragen.

TIPP

Bei dieser Aktivierung benötigen Sie kein zusätzliches Rahmenprogramm, denn auch hier entwickeln sich biografische Gesprächsrunden aus der „guten alten Zeit".

Wenn Sie ein besonderes Highlight einbauen möchten, dann könnten Sie einen Akkordeonspieler dazu engagieren. Allerdings empfiehlt es sich, diesen nicht gleich zu Beginn spielen zu lassen, sondern erst, wenn die Bewohner gemütlich gegessen haben.

Die beliebte Cocktailrunde

Alkoholfreie Drinks in „Szene" gesetzt

Alkoholfreie Cocktails anzubieten wird als ganz besonderes „Highlight" von den Bewohnern gesehen. Servieren Sie die Getränke in den bei Ihnen gebräuchlichen Trinkgläsern. Wichtig sind allerdings eine ansprechende Dekoration und die Farbigkeit des Getränks.

Grundausstattung

- Trinkhalme,
- Eisschirmchen/ Cocktailschirmchen,
- längere Holzspieße (für Früchte),
- Sieb,
- ggf. Shaker,
- Messbecher.

Gebräuchliche Zutaten

- Obstsäfte,
- frisch gepresste Säfte,
- Obst der Saison,
- Kräuter der Saison (Zitronenminze, Pfefferminze),
- Mineralwasser/Ginger Ale,
- Eistee,
- Sirup (Grenadine, Mango ...),
- Eiswürfel/Crashed Ice,
- Zucker, braun.

Beliebte Dekorationen

- Partyschirmchen,
- Fruchtspieße,
- Fruchtscheiben (Zitrone, Orange),
- Fruchtstücke,
- Minzblätter.

Durchführung

- Sie können einen bestimmten Termin festlegen oder diese Aktivierung spontan durchführen.
- Stellen Sie die Zutaten bereit.
- Wenn Sie zur Zubereitung einen Shaker benutzen, verleihen Sie dieser Aktivierung noch mehr Aufmerksamkeit, denn Ihre Teilnehmer werden davon fasziniert sein.
- Sie benötigen nicht zwingend einen Shaker.
- Wichtig sind vorbereitete „Fruchtspießchen", die Sie dann über die Gläser legen.
- Geben Sie Ihrem Drink einen besonderen Namen „Mittsommertraum" oder vielleicht Namen mit regionalem Bezug „Berliner Kuss".
- Dekorieren Sie Ihre Drinks mit passenden Materialien.

TIPP

Personen, die nicht gerne trinken, können Sie viel leichter zum Trinken animiernen.

Allergien oder Diätvorschriften beachten!

Die folgenden Rezepte sind jeweils für ein Glas gerechnet.

Mittsommertraum

- 40 ml Orangensaft
- 10 ml Zitronensaft
- 100 ml Eistee (Pfirsich)
- Eiswürfel
- Limette oder Orange zum Garnieren
  - Eiswürfel in ein Glas geben. Alle Zutaten darüber gießen und umrühren. Orangenscheibe einschneiden und an den Glasrand geben. Mit Trinkhalm servieren.

Sommerfee

- 50 ml Orangensaft
- 10 ml Zitronensaft
- 10 ml Grenadinesirup (gibt es in jedem Supermarkt)
- Eiswürfel
- Zitronenlimonade zum Aufgießen
- Früchte für Spieß
  - Orangensaft, Zitronensaft und Eiswürfel in den Shaker geben, kräftig schütteln und in ein Glas geben. Eiswürfel dazu und mit Zitronenlimonade aufgießen Grenadine Sirup vorsichtig darüber laufen lassen.
    Mit Trinkhalm und Fruchtspieß servieren.

Himbeertraum

- 20 ml Himbeersaft
- 10 ml Zitronensaft
- Eiswürfel

- Mineralwasser
- Himbeeren für den Spieß
  - Saft und Sirup über die Eiswürfel im Glas gießen und umrühren. Mit Mineralwasser aufgießen. Mit Himbeerspieß und Trinkhalm servieren.

Seien Sie kreativ

Wenn Sie keinen Shaker haben, geben Sie alle Zutaten in ein Glas und rühren um.

Wenn Zitronensaft für die Bewohner zu sauer ist, reduzieren Sie die Menge oder ersetzen die Menge durch einen anderen Saft.

Zum Auffüllen der Gläser verwenden Sie das „Mittel der Wahl“.

Ananasblüte

- 20 ml Grenadine
- 60 ml Orangensaft
- 60 ml Ananassaft
- 30 ml Grapefruitsaft
- Eiswürfel
- Mineralwasser zum Aufgießen
  - Alle Zutaten im Shaker mixen und in ein Glas geben (oder direkt ins Glas geben und umrühren). Mit Ananasspieß und Partyschirmchen servieren.

Caiphirinha

- 200 ml Ginger Ale (oder Mineralwasser, oder Pfirsich Eistee)
- ½ Limette
- 2 Teel. Brauner Zucker
- Eiswürfel oder Crushed Eis nach Bedarf
  - Die Limetten vierteln und mit braunem Zucker im Glas zerstoßen. Eiswürfel darüber geben. Mit Ginger Ale oder Mineralwasser aufgießen. Mit Trinkhalm und Schirmchen servieren.

Nachmittag rund um den Apfel

„Der Apfel fällt nicht weit vom Stamm"

Dieser gemütliche Nachmittag bietet sich im Herbst an. Zu dieser Jahreszeit ist die Apfelernte in vollem Gange und der Duft von frisch geernteten Äpfeln erfüllt den ganzen Raum.

Sie können diese Aktivierung jederzeit zu einer anderen Jahreszeit durchführen, weil Äpfel das ganze Jahr über in großer Vielfalt angeboten werden.

Vorbereitung

- Zeitlichen Rahmen festlegen.
- Gestalten Sie eine Apfeleinladung und passende Dekoration.
- Welche Apfelköstlichkeiten bieten Sie an?

Küchenplanung

- Bestellen Sie rechtzeitig die Zutaten für die selbst zubereiteten Köstlichkeiten.
- Besprechen Sie mit der Küche den Speisenplan für diesen Nachmittag.
- Wählen Sie aus den unten aufgeführten Angeboten 3 - 4 Spezialitäten aus (nicht zu viele anbieten).

Apfelköstlichkeiten

- Apfelkuchen,
- Apfelstrudel,
- Apfel im Schlafrock,
- Apfelbrot,
- Apfelmus,
- Apfelkompott,
- Apfelauflauf,
- Apfelküchle,
- Apfelbowle (mit alkoholfreiem Sekt und Apfelsaft),
- Apfelsaft.

ACHTUNG

Wichtig: Diätvorschrift oder Allergie beachten

Einladung

- Einladung an alle Wohnbereiche.
- Bettlägerige Bewohner, die nicht zum Apfel-Nachmittag kommen können, besuchen Sie mit einer Apfelköstlichkeit, einem aufgeschnittenen Apfel (Diätvorschrift beachten) oder mit einer gebastelten Apfeldekoration.

Dekoration für den Apfel-Nachmittag

- Basteln Sie im Vorfeld mit Ihren Bewohnern Äpfel aus Tonpapier.
- Besorgen Sie Apfelkisten und füllen Sie diese mit unterschiedlichen Äpfeln. (Wenn die Kisten zu groß sind, füllen Sie den Boden zuerst mit Zeitungspapier, dann mit einer Schicht Holzwolle und legen Sie dann die Äpfel darauf.
- Legen Sie Äpfel in geflochtene Körbe,
- Apfelservietten,
- Äpfel zur Tischdekoration,
- Dekostoff in grün.

Betreuungskräfte

Vielleicht tragen Sie an diesem Nachmittag apfelgrüne T-Shirts oder eine Schürze mit Apfelmotiv.

Ablauf eines Apfel-Nachmittages

- Begrüßung der Bewohner,
- lesen Sie ein Apfelgedicht vor,
- Verkostung der Apfelköstlichkeiten,
- Apfelsprichwörter erraten,
- singen Sie ein Apfellied, um den Nachmittag zu beenden,
- jeder Bewohner erhält ein kleines Apfelgeschenk (Bild, kleiner Apfel …).

Allgemeiner Austausch über Äpfel mit den Bewohnern

- Welche Apfelsorte essen Sie besonders gerne?
- Welche Apfelbäume hatten Sie in Ihrem Garten?
- Welche Apfelsorten kennen Sie?
- Wie haben Sie früher Äpfel gelagert?
- Warum haben Sie Äpfel nicht neben Kartoffeln gelagert?

- Was haben Sie am liebsten aus Äpfeln zubereitet?
- Was sagt Ihnen der Begriff „Apfel im Schlafrock“?
- Kennen Sie den Begriff: „Ein Mann sollte in seinem Leben einen Baum pflanzen“?
- Lassen Sie die Bewohner an den dekorierten Äpfeln riechen.

Apfelsprichwörter erraten

- Der Apfel fällt nicht weit … vom Stamm.
- Man soll nicht Apfel mit Birnen … vergleichen.
- Auch ein schöner Apfel kann einen … Wurm haben.
- Für einen Apfel und … ein Ei.
- Ein fauler Apfel steckt … hundert gesunde an.

Apfellied/oder als Gedicht

In meinem kleinen Apfel
in meinem kleinen Apfel,
da sieht es lustig aus
es sind darin fünf Stübchen
grad wie in einem Haus.

In jedem Stübchen wohnen
zwei Kernchen schwarz und fein,
die liegen drin und träumen
vom warmen Sonnenschein.

Sie träumen noch so weiter
gar einen schönen Traum,
wie sie einst werden hängen,
am schönen Weihnachtsbaum.

Volksgut

Reimspiele

Reimspiele kennen die Bewohner seit ihren Kindertagen. Reime haben sie im späteren Leben auch mit den Kindern oder Enkelkindern praktiziert. Früher war es üblich, selbst verfasste Gedichte zu besonderen Anlässen (Geburtstag, Hochzeitstag …) zu dichten.

In Aktivierungsrunden ist häufig zu beobachten, wie Bewohner einen angefangenen Satz zu Ende reimen. Die hier aufgezeigten Reimspiele sind einfach umzusetzen.

Durchführung

- Sie geben den Teilnehmern das Thema vor.
- Danach lesen Sie bis zu den Punkten …
- Ihre Bewohner ergänzen dann spontan das letzte Wort im Satz.

Ziel

- Bewohner hören sehr konzentriert zu.
- Die Kreativität wird enorm gefördert und die „Bereitschaft", weitere Reime einfließen zu lassen, steigt auf spielerische Weise.
- Die Gesprächsbereitschaft über biografische Erlebnisse zu berichten, entsteht spontan.

Am Badesee

Kinder wie ist die Welt so schön,
wir wollen heute schwimmen … gehen.
Packt schnell die Badehose ein,
denn heute wird´s erfrischend … sein.

Wie schön ist doch das kühle Nass,
es macht nicht nur den Kindern … Spaß
Das Wasser ist noch ziemlich frisch,
doch wir schwimmen wie ein … Fisch.

Der Wasserball fliegt hin und her,
ach wenn´s nur immer Sommer wär.
Am Abend gehen alle müde heim
und schlafen dann auch glücklich … ein.

Frühling

Der Frühling kommt mit voller Pracht,
am Himmel schon die Sonne … lacht.
Blumen blühen rot, gelb blau,
das Lüftchen weht jetzt auch schon … lau.

Vögel singen, der Kuckuck schreit,
der Frühling ist jetzt schon … bereit.
Der Winter der ist endlich vorbei,
und bald kommt der geliebte … Mai.

Die Kinder springen aus dem Haus
und spielen wieder Katz und …Maus.
Die Sonne endlich wieder lacht,
das ist´s was uns viel Freude … macht

Geburtstag

Geburtstag ist ein schöner Tag,
weil ich so gerne feiern … mag.
Die Gäste kommen von nah und fern,
ich glaub, die haben mich alle … gern.

Großmama schickt mit der Post ein großes Paket
kann es sein, dass mein Name drauf … steht?
Ich packe es aus und fasse es kaum
heraus kommt mein neuer Spiele … Traum.

Zum Mittagessen darf ich mir das Essen aussuchen
ganz klar da gibt es süße Pfann …kuchen.
Ich esse es gerne, denn das schmeckt so lecker
Mein Papa ist der beste Pfannkuchen …Bäcker

Am Nachmittag kommen dann all meine Gäst
um mit mir zu feiern ein großes... Fest.
Wir tanzen und lachen, jeder spielt was er mag
der Geburtstag ist doch der schönste …Tag.

Mein Einkauf

Heute ist Freitag da will ich einkaufen geh,
hoffentlich muss ich nicht zu lange an der Kasse … stehn.
Mein Einkaufszettel ist sehr lang,
da wird mir schon ganz Angst und …Bang.

Waschmittel, Senf und frische Butter
mein Mann der mag Studenten …futter.
Dicke Bohnen darf ich nicht vergessen,
denn die gibt's heut zum … Mittagessen.

Tomaten und Hering, Sahne und Bier,
all diese Dinge gibt es … hier.
Soll ich noch einmal zu den Getränken laufen,
um eine Flasche Sekt zu …kaufen?

Ich renne und kaufe, jetzt müsst es alles sein,
dann reih ich mich in die Schlange an der Kasse … ein.
Ich suche nach meinem Geldbeutel oh wei,
hab´ ich den überhaupt … dabei?

Ich suche und schwitze, wo ist meine Tasche,
ach nein, er steckt in der … Manteltasche.
Jetzt packe ich alles schnell ins Auto ein,
und fahre so schnell ich kann wieder … heim.

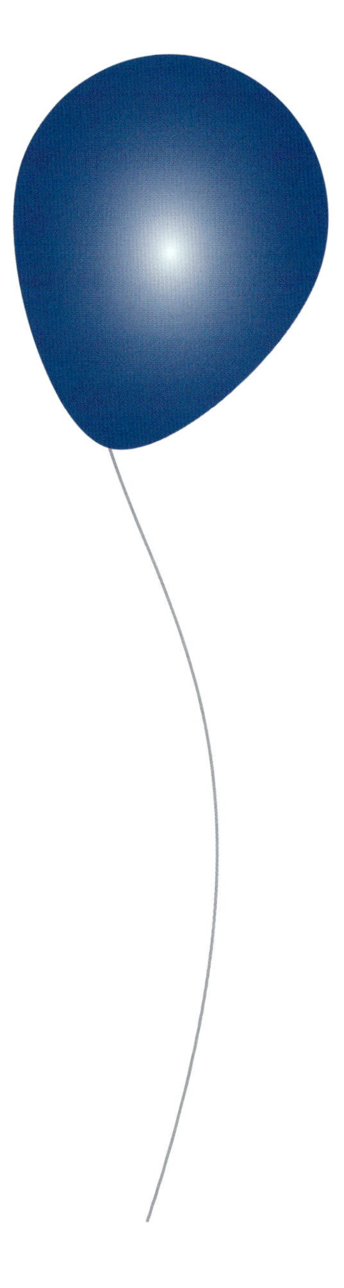

Kreatives Arbeiten

Einführung

Aus den kreativen Arbeiten entsteht häufig ein gelungenes „Kunstwerk“, auf das die Bewohner stolz sind.

Dieses gemeinsame Werk kann über Wochen hin gestaltet werden und die Teilnehmer bringen sich in völlig unterschiedlicher Form, ihren Fähigkeiten entsprechend, ein.

Es werden Projekte beschrieben, bei denen feinmotorische Fähigkeiten besondere Bedeutung haben, es geht aber auch um Projekte, bei denen das „gemeinsame Tun“ im Vordergrund steht und einfach Freude bereiten soll.

Das Bewohnerkreuz oder Bewohnerherz

Bei dieser kreativen Gruppenarbeit können viele Bewohner mitgestalten. Dieses Werk kann in jeder beliebigen Form (Kreuz, Herz, Kreis) gebastelt werden und erfreut die Bewohner jeden Tag mit seiner Farbigkeit.

Vorbereitung

- Sperrholz oder feste Unterlage in der gewählten Form aussägen,
- farbiges Seidenpapier in unterschiedlichen Farben wählen,
- großes Herz aus Filz (oder Kreis) für die Mitte ausschneiden,
- Holzwäscheklammern,
- Klebstoff,
- Klettstreifen, die auf der Rückseite der Wäscheklammern aufgeklebt werden,
- Namenaufkleber aller Bewohner für die Wäscheklammern.

Durchführung

Erklärung Kugelpäckchen: Das Seidenpapier nicht zu kompletten Kugeln formen, sondern die Ecken des Papiers etwas abstehen lassen. Das ergibt dann eine unregelmäßige Form und gerade die ist gewünscht.

- Farbkombination festlegen.
- Seidenpapier in Streifen von ca. 4 – 5 cm Breite reißen (oder schneiden).
- Aus diesen Streifen dann Quadrate reißen.
- Aus den Quadraten kleine unregelmäßige Kugelpäckchen formen.
- Kugelpäckchen in unterschiedlichen Farben formen.
  - In der Mitte der Sperrholzplatte das Filzherz aufkleben.
  - Die Kugelpäckchen sehr dicht an die Seitenteile aufkleben.
  - Beginnen Sie mit einem Seitenteil, um Ihr Farbmuster festzulegen.
  - Bekleben Sie nach und nach alle Seitenteile jeweils bis zum Filzherz.

TIPP

Entweder Sie mischen verschiedene Grüntöne und auf der anderen Seite Blautöne oder Sie entscheiden sich für ein völlig farbiges Konzept.

Kleben Sie auf die Rückseite der Wäscheklammer den Klettstreifen und versehen Sie jede Wäscheklammer auf der Vorderseite mit dem Namen des Bewohners.

Zeitaufwand

Je nachdem wie häufig und mit wie vielen Personen an dieser Collage gearbeitet wird.

Gemeinsame Feierstunde

Wenn das gemeinsame Kunstwerk fertig gestaltet ist, hängen Sie es als „Gemeinschaftsaktion“ an einem für alle Bewohner sichtbaren Platz auf (Speiseraum, Foyer). Vielleicht machen Sie aus dieser Aktion eine besondere „Feierstunde“, indem Sie an einem festgelegten Tag gemeinsam mit allen Bewohnern die personifizierten Wäscheklammern auf der zentralen Mitte, dem Filzherz, befestigen.

TIPP

Es macht den Bewohnern viel Freude, ihren Namen auf diesem gemeinsamen Kunstwerk zu lesen.

Besonderheiten

- Wenn neue Bewohner einziehen, wird der neue Name dann für alle sichtbar in dieses Kunstwerk mit aufgenommen.
- Wenn Bewohner verstorben sind, dann wird ebenfalls gemeinsam (nach dem Mittagessen oder nach der Morgenrunde) die personifizierte Wäscheklammer abgenommen.
- Das gemeinsame Gedenken an den oder die Verstorbenen ist in einigen Häusern durch diese gemeinsame Runde zu einem wertschätzenden „Ritual“ geworden.

Das Bierdeckel Memory

Gestalten Sie ein Memory, welches ganz speziell auf die Fähigkeiten und Bedürfnisse Ihrer Bewohner angepasst ist.

Wählen Sie die Motive so aus, dass die „Lieblingsthemen" darauf abgebildet sind. Dieses Memory kann durch die Größe der Bierdeckel von Personen mit feinmotorischen Defiziten besser gegriffen werden.

Material

- Bierdeckel (Therapiekataloge, Bastelbedarf oder Internet),
- Pflanzenkataloge,
- Fahrzeugkataloge,
- Zeitschriften,
- Kataloge,
- Klebefolie.

Vorbereitung

- Suchen Sie geeignete Bilder aus.
- Schneiden Sie die Bilder aus und kleben diese auf den Bierdeckel.
- Es müssen zwei identische Bilder sein.
- Schneiden Sie die Bilder immer in der gleichen Form aus.
- Überziehen Sie den Bierdeckel mit Klebefolie.
- Die Herstellung erfordert feinmotorisches Geschick der Bewohner.

Bevorzugte Themen

- Blumen,
- Tiere,
- Einrichtungsgenstände,
- Handtasche,
- Kleidung,
- Gegenstände aus der Küche,
- Fahrzeuge,
- Werkzeug.

TIPP

Wenn das Memory schwieriger gestaltet werden soll, dann schneiden Sie die Form der jeweils gleichen Gegenstände unterschiedlich aus (Quadrat, Dreieck, Kreis).

Anwendung

- Wie ein gebräuchliches Memory.
- Als Themenkarten in der Einzelaktivierung.
- Als Themenkarten in der Gruppenaktivierung.

Die Bunte Schiffs-Collage

Schiffe zu falten, ist bei vielen Bewohnerinnen und Bewohnern bis ins hohe Alter, sogar bei fortgeschrittener Demenz, noch präsent. Früher wurden aus Zeitungspapier Schiffe gefaltet und diese Technik später an die Kinder und Enkelkinder mit viel Freude weitergegeben.

Material

- Künstlerleinwand mindestens 60 x 80 cm,
- Acrylfarbe in Blau- und Grüntönen,
- breite Pinsel,
- Dekosand (um die Struktur etwas zu verändern),
- Bastelpapier in unterschiedlichen Farben.

Vorbereitung

- Leinwand vollständig mit unterschiedlichen Farbschattierungen bemalen.
- Zur Veränderung der Oberflächenstruktur Sand mit einbringen.
- Je nach gewünschter Farbe, den Vorgang mehrmals wiederholen.
- Die Leinwand sollte vor dem weiteren Gebrauch komplett getrocknet sein.

Durchführung

- Schneiden Sie das in unterschiedlichen Farben gewählte Bastelpapier in gleich große Quadrate.

- Lassen Sie nun die Bewohner aus dem Bastelpapier die Schiffe falten.
- Kleben Sie die entstandenen unterschiedlichen Schiffe auf die blau eingefärbte Leinwand mit Klebstoff.

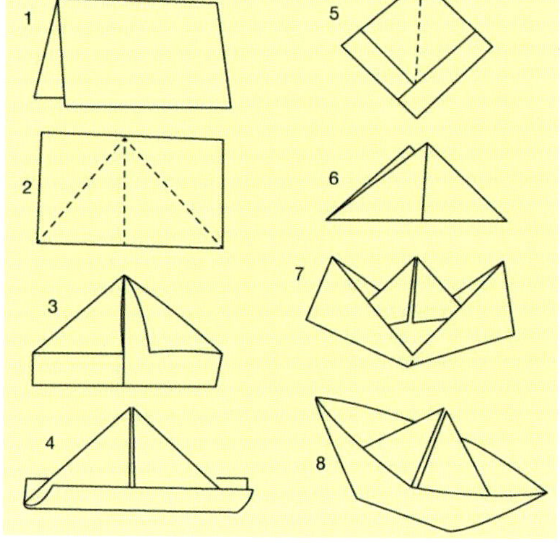

Alternativen

Sie können die Leinwand auch in Grüntönen bemalen und mit gefalteten Blumen bekleben.

Wenn Sie dieses „Kunstwerk" im Foyer oder im Gang aufhängen, damit es viele Leute sehen können, bereiten Sie Ihren Bewohnern eine besondere Freude.

Die kreative Steinblume

Diese Steinblume kann von vielen Bewohnern als Gruppenarbeit gestaltet werden. Das entstandene Objekt kann im Speiseraum oder im Foyer der Einrichtung aufgehängt werden.

Vorbereitung

- Sperrholzplatte ca. 40 x 100 cm (Baumarkt, Schreiner),
- Farbkombination festlegen,
- Acrylfarbe,
- flache Kieselsteine (sammeln oder Baumarkt),
- Zweige, die als Blumenstängel dienen, mit Klarlack besprühen,
- Klebstoff für Steine,
- die Proportionen der einzelnen Blütenblätter festlegen.

Durchführung

- Platte mehrmals grundieren.
- Den kompletten Rand und die Seiten der Platte mit Acrylfarbe bemalen (dient als Bilderrahmen).
- Mit dem Blütenmotiv am oberen Teil der bemalten Platte beginnen.
- Aus den passenden Kieselsteinen ein Blütenmotiv zunächst auflegen, erst dann mit passendem Kleber festkleben.
- Aus den besprühten Zweigen den Blumenstängel anlegen und festkleben.
- Von oben nach unten arbeiten. Abschluss sollte immer der Blütenstängel sein.

TIPP

Stimmen Sie die Farbe der Grundierung mit der Farbe der Kieselsteine ab. Sehr gut eigenen sich Grau-, Grün- und Blautöne in der Kombination.

Zeitaufwand

Je nachdem wie häufig und mit wie vielen Personen an diesem Projekt gearbeitet wird.

Gemeinsame Feierstunde

Wenn das gemeinsame Kunstwerk fertig gestaltet ist, kann es als „Gemeinschaftsaktion“ an einem für alle Bewohner sichtbaren Platz (Speiseraum, Foyer) aufgehängt werden.

Gestalten Sie daraus eine besondere „Feierstunde.“

Besonderheit in einem Seniorenheim

Als diese Steincollage aufgehängt wurde, kamen sofort „Bestellungen“ von externen Personen.

Mittlerweile hängen diese „Steincollagen“ in Therapie- und Arztpraxen sowie in öffentlichen Einrichtungen.

Das erfüllt die Bewohner mit enormem Stolz.

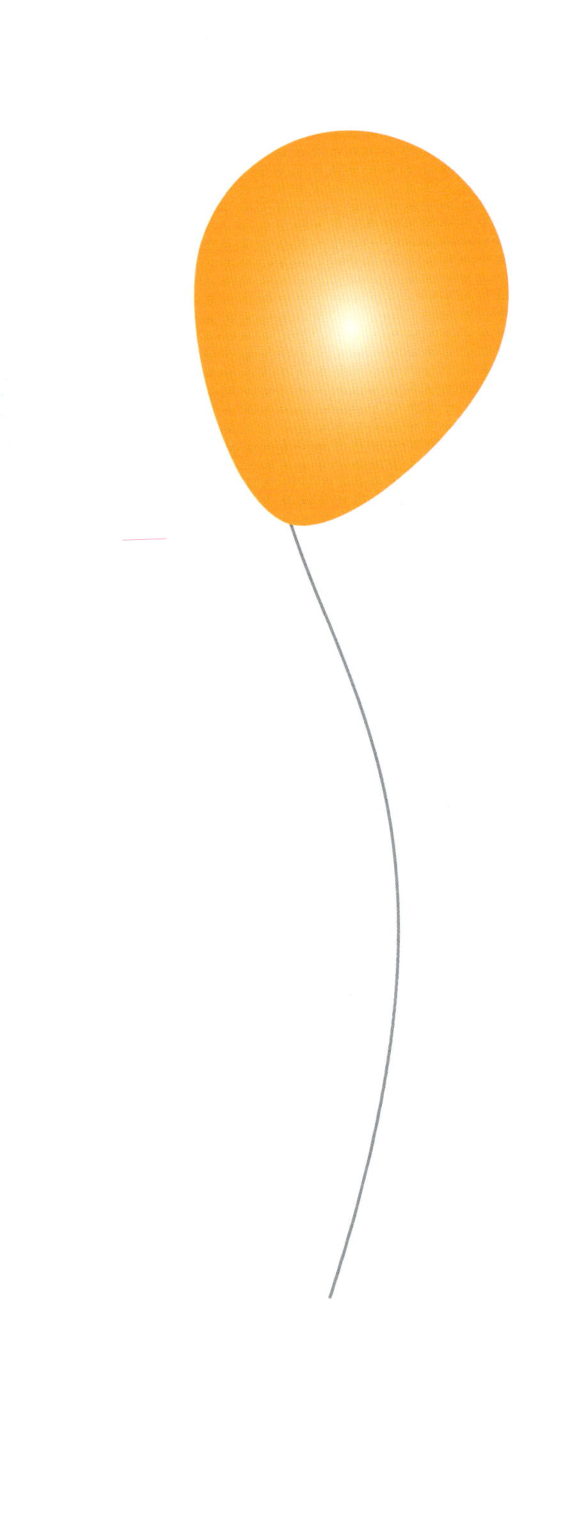

Außergewöhnliche Projekte
Projekte im Haus

Einführung

Bei der Vorbereitung von Projekten ist es wichtig, dass die Mitarbeiter ihre Ideen und Vorschläge im Team einbringen. Es kann durchaus vorkommen, dass „kreative Arbeiten", wie zum Beispiel „der alte Leiterwagen" sich über einen längeren Zeitraum zu einem Projekt entwickeln – sogenannte „Selbstläufer".

Ein Projekt braucht eine längere Planungszeit, bei der es wichtig ist, die anfallenden Tätigkeiten aufzugliedern und zu verteilen. Eine sinnvoll genutzte Vorbereitungszeit schweißt das Team häufig enger zusammen und fördert die Kommunikation und das soziale Miteinander innerhalb der Mitarbeiter.

Projekte können aus geäußerten Bewohnerwünschen entstehen, aus besonderen Fähigkeiten der Bewohner wachsen (Künstler) oder sich aus kreativen Ideen der Betreuungsmitarbeiter ergeben.

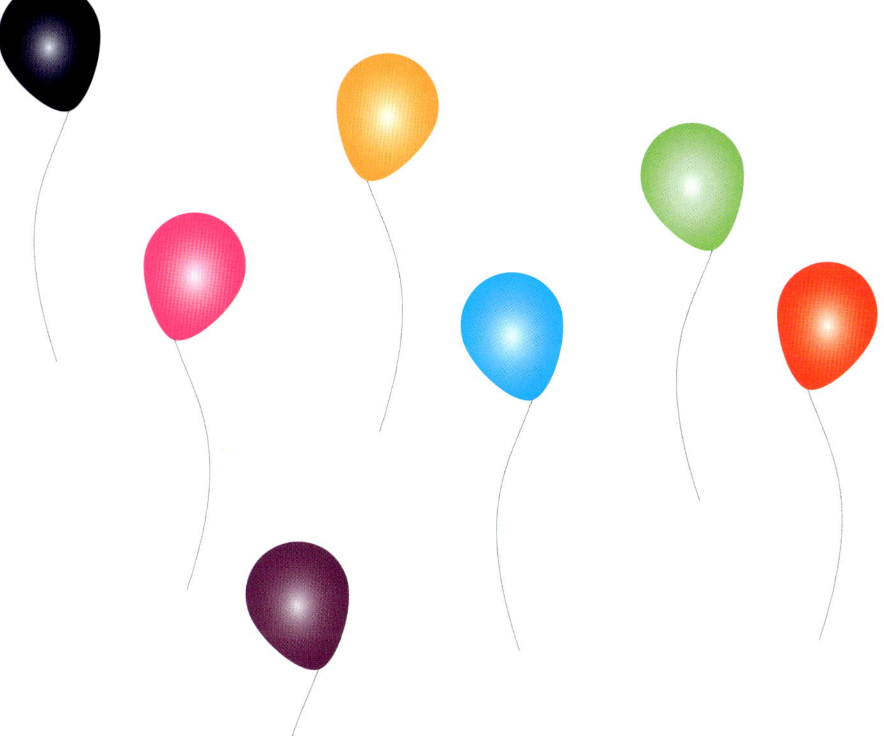

Der alte „Leiterwagen

Diese handwerkliche Männeraktivierung entwickelte sich zu einem besonderen „Männerprojekt“.

Vorgeschichte

Ein alter „Leiterwagen“ wurde entsorgt und eine Mitarbeiterin brachte ihn mit in die Einrichtung. Die Handwerksgruppe begann sofort mit der Restauration.
Es haben auch Männer mitgearbeitet, die im Rollstuhl saßen.

Vorgehen

- Leiterwagen mit unterschiedlichem Schleifpapier abschleifen und von alten Farbresten befreien.
- Holzteile mit neuer Farbe streichen.
- Holzteile, die evtl. ausgetauscht werden müssen, fachgerecht (vielleicht vom Hausmeister) ersetzen.

Ergebnis

Die Handwerksgruppe der Einrichtung präsentierte nach einigen Wochen stolz ihren frisch gestrichenen Leiterwagen, der dann in den Eingangsbereich gestellt wurde.

Folge

Es kam der Wunsch auf, mit diesem Wagen eine „Vatertagstour“ zu unternehmen. Das war für die Gruppe ein ganz besonderes Erlebnis.

- Der Wagen wurde mit Birkenzweigen verziert.
- Die Frauen schnitten aus Krepppapier bunte Streifen und befestigten diese an grünen Zweigen (das war die einzige Unterstützung der Frauen).
- Der Leiterwagen wurde mit Getränken (alkoholfrei) und deftigen Köstlichkeiten beladen und die Männer (nur die Männer!) zogen mit diesem Leiterwagen durch den Garten. Anschließend wurde im Garten ein „Vatertagsfest“ gefeiert.
- Es waren alle Männer dabei, auch die im Rollstuhl.
- Die Gruppe wurde von einem Akkordeonspieler begleitet.

Fazit

Diese Aktivierung hat sich als „Selbstläufer" entwickelt. Niemand dachte ursprünglich daran, aus dieser kleinen Geschichte eine Vatertagstour entstehen zu lassen. Die Männer legten großen Wert darauf, dieses Projekt ohne Frauen durchzuführen. Erst später, als die Männer dann ganz gemütlich und glücklich im Garten saßen, durften die Frauen mitfeiern.

Der besondere Adventskalender

Vorbereitung

- 24 gleich große Schuhkartons mit Deckel.
- Jeweils 1 Schuhkarton mit Deckel wird zu Beginn des Jahres an verschiedene externe oder interne Personen oder auch Gruppen verteilt.
- Der Schuhkarton sollte im Inneren des Kartons ausgestaltet werden. Wichtig ist allerdings, dass der Deckel den Karton verschließt.
- Wichtig ist, die betreffende Nummer am Deckel zu befestigen.
- Der Schuhkarton kann auch außen verziert werden, muss aber nicht.
- Für die Gestaltung des Kartons gibt es keinerlei Vorgaben – völlig individuell (Zeichnungen, Gegenstände, Gedichte, gebastelte, gesägte oder getöpferte Figuren …).
- Es müssen nicht zwingend weihnachtliche Impulse gestaltet werden.

Durchführung

- Bis Mitte November müssen alle gestalteten Schuhkartons wieder in der Einrichtung abgegeben sein.
- Die Kartons werden dann an einem zentralen Ort (Foyer, Speisesaal …) zu einem Adventskalender (24 Kartons) aufgebaut oder auf einen Tisch gestellt.
- Jeden Tag wird ein anderer Karton geöffnet und es ergeben sich daraus völlig unterschiedliche Gesprächs- und Aktivierungsimpulse.

Wer darf einen Schuhkarton gestalten?

- Bewohner,
- Wohnbereichsgruppe,
- Mitarbeiter aus verschiedenen Abteilungen,
- Angehörige,
- Personal,
- Besucher,
- Schulklassen,
- Therapeuten, die mit der Einrichtung zusammenarbeiten.

Fazit

Dieser ganz individuell gestaltete Adventskalender erzeugt während der Adventszeit eine unglaubliche Spannung im Haus. Jeder Karton wird auf seine ganz eigene Art und Weise gestaltet und die Bewohner freuen sich jeden Tag aufs Neue, ein „Türchen" oder besser einen „Schuhkarton" öffnen zu dürfen.

Impuls

- Die Öffnung jedes einzelnen Kartons sollte zu einer vorher festgelegten Zeit geschehen (Morgenritual nach dem Frühstück).
- Mitarbeiter aus der Betreuung sollten den „geöffneten Karton" ggf. kurz anmoderieren.
- Daraus ergibt sich spontan eine interessante, lebhafte Gesprächsrunde.

Lebenslinien im Gesicht oder an den Händen Ihrer Bewohner zu erkennen und Einblicke in deren Leben zu bekommen, ist etwas ganz Besonderes.

Man benötigt dazu kein professionelles Fototeam, denn viele Mitarbeiter haben eine Kamera, mit der exzellente Bilder entstehen können.

Viele der Bilder werden anschließend in die Bewohnerzimmer gehängt oder die Angehörigen nehmen diese Bilder gerne als Erinnerungsfoto mit nach Hause.

Vorbereitung

- Das Haus sollte über geeignete freie Wandflächen verfügen.
- Die geplante Vorlaufzeit sollte zwischen 6 und 9 Monate betragen.
- Einverständniserklärung von den Bewohnern oder deren gesetzl. Vertretern (auch postmortal).
- Abklären, ob die Aufnahmen mit Namen und Alter beschriftet werden dürfen.
- Kooperation mit einem Fotolabor. Kostenrahmen kalkulieren.
- Die entstandenen Bilder einheitlich in einem neutralen Rahmen ausstellen oder auf Leinwand aufziehen.
- Kosten der Präsentation klären.
- Den Termin der Ausstellungspräsentation festlegen.
- Bewirtung organisieren.

Organisation im Haus/Einladung

- Einladung an alle Wohnbereiche und Bewohnerrat.
- Einladung an die Angehörigen oder amtliche Betreuungspersonen, um gemeinsam die Ausstellungseröffnung zu besuchen.
- Einladung an die örtliche Presse.
- Einladung an öffentliche Personen im Umfeld (Bürgermeister, Pfarrer, Pastor, betreuende Ärzte, Therapeuten).
- Eröffnungsredner festlegen – das kann auch ein Bewohner sein.

Durchführung

- Organisieren Sie ein Mikrofon, damit die Eröffnungsrede alle Bewohner verstehen können.
- Legen Sie die Ausstellungseröffnung nicht zu spät in den Abend hinein, damit der „normale Ablauf" des Hauses nicht gestört wird.
- Verzichten Sie auf alkoholische Getränke – es gibt sehr gute alkoholfreie Alternativen.
- Organisieren Sie „Fingerfood".

Darauf sollten Sie achten

- Keine persönlichen Bewertungen über die einzelnen Fotos einfließen lassen – verhalten Sie sich neutral.

- Nicht jeder Bewohner möchte sich fotografieren lassen – akzeptieren Sie die persönliche Einstellung.
- Achten Sie im Vorfeld darauf, dass die Kosten nicht zu hoch werden und setzen Sie sich einen finanziellen Rahmen.

Kunstausstellung

Wenn Sie Bewohnerzimmer betreten, kommt es häufig vor, dass viele eigene „Kunstwerke" zu sehen sind. Einige Exponate stammen vielleicht aus vergangener Zeit oder die Bewohner finden gerade jetzt im Seniorenheim Zeit und Entspannung, sich ihrem früheren Hobby zu widmen.

Warum sollten diese besonderen Talente nicht der Allgemeinheit gezeigt werden?

Was eignet sich für eine Ausstellung?

- Ölbilder,
- Acrylbilder,
- Zeichnungen,
- Modellagen,
- Modellbauten (aus Streichhölzer),
- „Gekratzte Ostereier" (Volkskunst aus Böhmen, Schlesien, Kroatien).

Vorbereitung

- Das Haus sollte über geeignete freie Wandflächen und Präsentationsflächen verfügen.
- Geeignet sind Foyer oder gut zugängliche Gemeinschaftsräume (Schulungsräume).
- Einverständniserklärung der Bewohner oder deren gesetzlichen Vertretern (auch postmortal).
- Genaue Planung auf welche Art welches Kunstobjekt präsentiert werden sollte (Bilder mit oder ohne Rahmen, Skulpturen auf Holzblock).
- Kostenrahmen der Ausstellung festlegen.
- Ausstellungseröffnung und Ausstellungsende festlegen.
- Bewirtung organisieren.

Organisation im Haus/Einladung

- Einladung an alle Wohnbereiche und Bewohnerrat.
- Einladung an die Angehörigen oder amtlichen Betreuungspersonen der Bewohner.
- Einladung an die örtliche Presse.
- Einladung an öffentliche Personen im Umfeld der Einrichtung (Bürgermeister, Pfarrer, Pastor, betreuende Ärzte, Therapeuten).
- Gestaltung der jeweiligen Feierstunde organisieren (Festredner, evtl. von den ausstellenden Künstlern, musikalische Begleitung).

Durchführung

- Organisieren Sie ein Mikrofon, damit die Eröffnungsrede auch alle Bewohner verstehen können.
- Legen Sie die Ausstellungseröffnung nicht zu spät in den Abend hinein, damit der „normale Ablauf" des Hauses nicht gestört wird.
- Verzichten Sie auf alkoholische Getränke – es gibt sehr gute alkoholfreie Alternativen.
- Organisieren Sie „Fingerfood".

Darauf sollten Sie achten

- Keine persönliche Bewertung über die einzelnen Werke einfließen lassen. Verhalten Sie sich neutral.
- Verfassen Sie einen kurzen, beschreibenden Text zu jedem Kunstwerk.
- Achten Sie im Vorfeld darauf, dass die Kosten nicht zu hoch werden und setzen Sie sich einen finanziellen Rahmen.

Modenschau im Seniorenheim

Viele Ihrer Bewohnerinnen und Bewohner möchten immer wieder ein neues Kleidungsstück kaufen, doch aus gesundheitlichen Gründen sind sie nicht mehr in der Lage, das Haus zu verlassen.

Vielleicht sitzen sie mittlerweile im Rollstuhl oder ihre Figur hat sich stark verändert, sodass die Kleidung nicht mehr passend ist.

Unterschätzen Sie nicht das Modebewusstsein Ihrer Bewohnerinnen und Bewohner. Es geht nicht darum, den neuesten Modetrend mitzumachen, das Modebewusstsein hat viel mit der Steigerung des eigenen Selbstwertgefühls zu tun.

Aus diesem Grund ist es hilfreich, mit Ihrem Team eine Modenschau zu organisieren.

Vorbereitung

- Wochen/Monate zuvor Kontakt zu einem Modehaus oder Versandhandel aufnehmen, die auf Seniorenmode spezialisiert sind.
- Wählen Sie pflegeleichte Kleidung für Männer und Frauen aus und stellen Sie passende Kombinationen zusammen.
- Beachten Sie die Pflegehinweise Ihrer Wäscherei.
- Achten Sie darauf, möglichst viele Teile mit dehnbarem elastischem Bund, Klettverschluss oder Reißverschluss zu organisieren.
- Die Knöpfe an der Kleidung sollten nicht zu klein sein (Feinmotorik).

Sollten Sie keinen Modehändler in Ihrer Umgebung finden, so setzen Sie sich mit Versandhäusern für Seniorenmode in Verbindung. Diese stellen Ihnen auf Wunsch eine Auswahl zusammen, die dann vorgeführt werden kann (Bewohner oder Mitarbeiter).

Organisation im Haus/Einladung

- Einladung an alle Wohnbereiche.
- Einladung an die Angehörigen oder gesetzlichen Vertreter.
- Person festlegen, die die einzelnen Modelle ansagt und Info über die Kleidung gibt.
- Passenden Raum organisieren. Vielleicht einen Teppich als Laufsteg auslegen.

Durchführung

- Bewohner, die gerne die Kleidung präsentieren möchten und gesundheitlich auch noch dazu in der Lage sind.
- „Models“ von der Bekleidungsfirma.
- Mitarbeiterinnen und Mitarbeiter.
- Angehörige der Bewohner.

Darauf sollten Sie achten

- Kein Gefühl der „Kaufverpflichtung“ aufkommen lassen.
- Auf „pflegetaugliche“ Kleidungsstücke bei der Vorauswahl achten.
- Planen Sie genügend Zeit für die einzelnen Modelle ein.
- Unterstützen Sie die Bewohner bei ihrer Auswahl.
- Die Bewohner sollten nach Möglichkeit von den Angehörigen bei der Auswahl unterstützt werden.
- Nicht zu häufig eine Modenschau durchführen.

Spezialitätenkochbuch anno dazumal

Viele der Bewohner hatten in der Vergangenheit ihre ganz besonderen Familienrezepte.
Führen Sie mit einer kleinen Kochgruppe vielleicht alle 2 Monate eine kulinarische Aktivierung durch, bei der einfache Gerichte von früher zubereitet werden.

Es wird nach Rezepten der Bewohner gekocht oder gebacken, unabhängig, ob der betreffende Bewohner noch daran teilnehmen kann oder nicht. Diese Aktivierung ist ein ganz besonderes Highlight.

Aus dieser Idee heraus ist in einem Haus der Wunsch nach einem „Spezialitäten Kochbuch anno dazumal“ entstanden. Dort sind nicht nur besonders aufwändige Rezepte verzeichnet, sondern gerade diejenigen, welche die einfache Hausmannskost genau beschreiben.

Vorbereitung

- Die geplante Vorlaufzeit kann bis zu 6 Monaten benötigen.
- Einverständniserklärung von den Bewohnern oder deren gesetzlichen Vertretern (auch postmortal) zur Veröffentlichung der Rezepte und Fotos.
- Kostenrahmen klären – genaue Kalkulation ist wichtig.
- Kreative Mitarbeiter der Einrichtung finden, die sich diesem Thema mit Begeisterung widmen.

Durchführung

- Die Fotos der gebackenen oder gekochten Köstlichkeiten werden vom Personal gemacht.
- Rezept und Fotos sollten in einheitlicher Weise auf das Papier gebracht werden.
- Vereinfacht wird die Durchführung durch eine einheitliche Gestaltung auf einem zur Einrichtung gehörenden PC.
- Eine Spiralbindung ist meist die kostengünstigste Variante.
- Bei einer Buchbindung konkrete Kostenverhandlungen mit örtlichen Druckereien (kann vielleicht als Spende organisiert werden).

ACHTUNG

Dekorieren Sie die Gerichte appetitlich aus, bevor Sie diese fotografieren. Bei der Zubereitung der Speisen ergeben sich für die Kamera immer wieder „spontane Schnappschüsse".

Kündigen Sie im Vorfeld nicht an, dass Sie am kommenden Tag Fotoaufnahmen machen, denn das sorgt für Nervosität und Aufregung. Binden Sie diese Aktion in die Kochtage ein – das bringt Normalität und Freude.

Veröffentlichung

- Kündigen Sie im Haus die Veröffentlichung des Kochbuchs an.
- Laden Sie zur Präsentation die örtliche Presse ein, um dieses „Besondere Kochbuch" auch öffentlich bekannt zu machen.
- Bewerben Sie bei offiziellen Festen im Haus das Buch.
- Setzen Sie einen Preis für dieses Buch fest oder bieten Sie es für eine Spende an.

Außergewöhnliche Projekte
Projekte im Garten

Einführung

Das häusliche Umfeld der Bewohner war früher stark durch Gartenarbeit geprägt. Gemüseanbau, Kräuterschnitt, Blumensträuße oder Heilpflanzen für die eigene Kräuterapotheke entstammten dem Garten. Dieses Tätigkeitsfeld vermissen viele Bewohner in den Einrichtungen.

Beinahe jede Einrichtung verfügt über einen Garten, der ausreichend Platz bietet, um kleine Beete, bevorzugt „Hochbeete", anzulegen. Dazu werden nur wenige Quadratmeter benötigt. Wenn kein Garten vorhanden ist, so eigenen sich hervorragend Balkonkästen oder Hochbeete auf der Dachterrasse, um die Bewohner mit gärtnerischen Tätigkeiten zu erfreuen.

Das Beispiel mit dem Hasengehege fasziniert die Bewohner auf eine ganz besondere Art. Bewegungsaktive Bewohner, ob demenziell erkrankt oder geistig noch rege, genießen es, „ihre Haustiere" beobachten können.

Das besondere Insektenhotel

Sie können diese kreative Gruppenarbeit ganz individuell gestalten. Als Bausatz vorgefertigte Insektenhotels gibt es in den verschiedenen Therapiekatalogen oder im Internet zu kaufen.

Sie bestimmen die Größe und die Art selbst, um es auf den Fähigkeiten der mitarbeitenden Bewohner anzupassen.

Verschiedene Möglichkeiten

- Kleines Insektenhotel als Bausatz kaufen und mit geeignetem Material füllen.
- Kleines Insektenhotel aus Holz selbst planen, Materialien besorgen und selbst herstellen.
- Großes Insektenhotel als Bausatz kaufen und nur noch zusammenstecken und befüllen.
- Großes Insektenhotel als „Projekt" kreativ selbst gestalten.

Projektmöglichkeiten

- Männergruppen oder auch Einzelpersonen, die handwerklich geschickt sind und in regelmäßigen Abständen zu Ihnen in die Einrichtung kommen.
- Firmgruppen oder Konfirmanden, die im Rahmen ihrer Vorbereitung ein soziales Projekt gestalten möchten.
- Schüler aus höheren Klassen oder Auszubildende von örtlichen Betrieben, die im Rahmen ihrer Ausbildung ein soziales Projekt begleiten möchten. (Kontakt zu Firmen)

TIPP

Bauanleitungen können im Internet heruntergeladen werden.
Es gibt eine vielfältige Auswahl.

Zeitaufwand

Je nachdem ob Sie einen fertigen Bausatz oder nach einem eigenen Plan arbeiten und wie viele Personen an diesem Projekt arbeiten.

Erfahrungsbericht aus einer Einrichtung

Gemeinsam mit einer Konfirmanden-Gruppe wurde ein sehr großes Insektenhotel nach eigenen Plänen hergestellt. Die Jugendlichen waren für das Sägen und den Aufbau zuständig. Die Bewohner haben dann das Insektenhotel mit Holzwolle, Rindenstücken, Tontöpfen und Naturmaterialien gefüllt.

Das entstandene Insektenhotel steht nun im Garten inmitten der Blumen- und Kräuterbeete. Es ist ein enormer Anziehungspunkt für zahlreiche Insekten während des Sommers.

Bereits im ersten Sommer des Insektenhotels wurde eine Parkbank aufgestellt, damit die Bewohner den Insekten bei ihrer Arbeit zuschauen können.

Diese Parkbank ist so gut wie immer besetzt, denn die Bewohner haben am Beobachten der Tierwelt viel Freude und Ablenkung. Die Tatsache gemeinsam mit jungen Leuten aus der Umgebung etwas geschaffen zu haben, erfüllt viele mit besonderer Freude und Stolz.

Einige der Jugendlichen kommen seither in regelmäßigen Abständen zu den Bewohnern, denn über dieses Projekt sind wunderschöne Freundschaften entstanden.

Das Hasengehege

Tiere zu beobachten erfreut Ihre Bewohner.

Diese „Natur Aktivierung“ hat mich fasziniert. Im Innenhof einer Einrichtung wurde auf dem Rasen ein großes Hasengehege angelegt. Die Bewohner konnten die Hasen von ihren Bewohnerzimmern oder von den Parkbänken, die rund um das Gehege angelegt waren, beobachten.

Ständig waren Bewohner auf den Parkbänken anzutreffen. Das führte in Folge zu einer regen Kommunikation zwischen den Bewohnern und deren Angehörigen, denn auch sie wurden gerne zu den „tierischen Bewohnern“ geführt.

Voraussetzung

- Genügend großes Rasenstück.
- Hohe Umzäunung, damit keine anderen Tiere in das Gehege eindringen können. Die Umzäunung dient ebenfalls dazu, dass keine demenziell erkrankten Bewohner in das Tiergehege gelangen können.
- Hasenstall zum Schutz der Tiere vor Wind und Nässe.
- Sprechen Sie ein „Fütterungsverbot" der Hasen für alle Bewohner und Besucher aus. Dies regeln Sie durch Schilder „Bitte nicht füttern".

Tierauswahl

- Es sollte eine große Hasen- oder Kaninchenrasse sein, damit die Bewohner sie besser sehen können. Gerade beim Blick aus dem Fenster ist das wichtig.
- Tiere mit unterschiedlichen Fellfarben.
- Robuste Rassen, die auch bei Nacht und bei schlechtem Wetter im Außengehege bleiben können.
- Um einen noch „intensiveren Bezug" zu den Hasen herzustellen, können den einzelnen Hasen Namen gegeben werden, die von den Bewohnern vorgeschlagen werden.

Personelle Bedingungen

- Zuständiger Personenkreis, der für die Fütterung, Reinigung des Geheges und das Wohl der Tiere verantwortlich ist.
- Personen, welche die Hasen am Abend in den Hasenstall bringen.

ACHTUNG

Lassen Sie sich bei der Anlage des Geheges und bei der Auswahl der Tiere fachkundig beraten.

Besonderheit

In dem von mir beschriebenen Projekt schloss sich dieses Gehege an den beschützten Demenzgarten an. Somit konnten auch die an Demenz erkranken Bewohner zu diesem Gehege gelangen.

Die Bewohner, die gerne in ihrem Zimmer am Fenster saßen, waren glücklich beim Blick aus dem Fenster, wenn Sie „ihre" Hasen sehen konnten.

Es bildeten sich Gruppen, die sich täglich auf den Parkbänken bei dem Gehege trafen. Es wurde mir auch berichtet, dass seit der Errichtung des Hasengeheges eine deutlich lebhaftere Kommunikation bei Tisch stattfand.

Der Kräutergarten und Pflücksalat

Frische Kräuter oder Pflücksalat zu ernten, um dann leckere Quarkspeisen oder herzhafte Brotaufstriche herzustellen, das macht nicht nur viel Freude, sondern unterstützt auch eine gesunde Ernährung Ihrer Bewohner.

Kräuterpädagogen werden Sie gerne bei diesem Projekt unterstützen, damit Ihre Bewohner lange Zeit Freude daran haben. Sie kennen sich bei der Sortenvielfalt, dem Pflanzanspruch, den Kombinationsmöglichkeiten und den Einsatzgebieten aus.

Planung

- Kräuterbeet,
- Hochbeet,
- Pflanzkisten,
- große Pflanztöpfe auf dem Balkon oder der Terrasse für Bewohner.

Pflanzsorten

- Schnittlauch
- Petersilie
- Kerbel
- Rauke/Ruccola
- Sauerampfer,
- Spinat,
- Pflücksalat,
- Schnittsalat,
- Bärlauch (Vorsicht, kann zu intensiv im Geschmack sein),
- KEINE SALATKÖPFE.

Vorbereitung

- Geeigneten Platz für das Beet im Garten finden.
- Geeignet sind Hochbeete, damit sich die Bewohner nicht zu weit nach unten zu bücken brauchen.
- An rollstuhlgerechten Wegen das Beet platzieren.
- Die „Grobanlage“ von einem Gartenteam vorbereiten lassen.
- Kräuterauswahl treffen.

Durchführung

- Kräuter und Salatpflanzen einpflanzen oder einsähen.
- Die einzelnen Kräuterarten mit gut lesbaren Namenstafeln versehen.
- Einen Personenkreis beauftragen, der für die Pflege und die Bewässerung zuständig ist.

Ernte

- Legen Sie fest, wer die Kräuter und Salatpflanzen ernten darf (nur Personal oder auch Bewohner).
- Wenn Bewohner selbst Kräuter oder Schnittsalat ernten dürfen, machen Sie eine Einführung, wie und wo abgeschnitten werden darf.

TIPP

Zu Beginn wird die Ernte noch nicht sofort in großen Mengen erfolgen können. Schneiden Sie deshalb einzelne Kräuter, um den Frischkäse oder Quark zu verfeinern, oder mischen Sie dem zubereiteten Salat eigene Schnittsalatsorten dazu.

Im Laufe des Sommers können Sie dann bei guter Ernte immer mehr Variationen anbieten:

- Schnittlauchquark,
- Frischkäse mit verschiedenen Kräutern,
- Joghurtvariationen,
- Kräutermuffins,

- Kräuterbrötchen,
- Kräuterbrot.

Pflanzkästen

Für Bewohner, die nicht in den Garten gehen können, kann auf dem Gemeinschaftsbalkon oder der Terrasse eine Pflanzkiste angelegt werden.

Die Auswahl der dort angepflanzten Kräuter oder Pflücksalat sollte dann so ausgewählt werden, dass die einzelnen Sorten nicht zu groß werden.

- Bei einem Projekt können Bewohner von dieser Pflanzkiste Kräuter oder Schnittsalat abschneiden, um diese dann gemeinsam mit den Alltagsbetreuern zu verarbeiten.

Trocknen der Kräuter

Getrocknete, kleingeschnittene Kräuter können mit Salz vermengt und so als leckeres Kräutersalz im Winter verwendet werden.

Sollte die Erntemenge zu groß sein, kann das Kräutersalz auch beim Adventsbasar (oder bei einer anderen Veranstaltung) in dekorativen Schraubverschlussgläsern verkauft werden.

TIPP

Kooperationsprojekt Pflanzkiste oder Terracotta Kübel.

Pflanzkübel oder -kisten können auch als Projekt mit Schülern aus umliegenden Schulen oder mit kreativen Bewohnern den Winter über gestaltet werden.

Diese dekorativen Pflanzgefäße können dann im Sommer auf dem Balkon bewundert werden.

Der Teegarten

Legen Sie einen Teegarten an, um im Sommer aus frischen Teekräutern Tee aufbrühen zu können.

Kräuterpädagogen werden Sie gerne bei diesem Projekt unterstützen, damit Ihre Bewohner lange Zeit Freude daran haben. Sie kennen sich bei der Sortenvielfalt, dem Pflanzanspruch, den Kombinationsmöglichkeiten und den Einsatzgebieten aus.

Planung

- Kräuterbeet,
- Hochbeet,
- Pflanzkisten,
- Große Pflanztöpfe auf dem Balkon oder der Terrasse für Bewohner, die das Haus nicht mehr verlassen können, sich aber gerne auf dem Balkon aufhalten.

Pflanzsorten

- Pfefferminze,
- Verschiedene Minzesorten,
- Melisse,
- Orangenmelisse,
- Zitronenmelisse,
- Salbei,
- Baldrian,
- Thymian,
- Fenchel,
- Kamille,
- Lavendel,
- Ringelblumen.

Vorbereitung

- Geeigneten Platz für das Beet im Garten finden.
- Geeignet sind Hochbeete, damit sich die Bewohner nicht zu weit nach unten zu bücken brauchen.
- An rollstuhlgerechten Wegen das Beet platzieren.
- Die „Grobanlage“ von einem Gartenteam vorbereiten lassen.
- Teekräuterauswahl treffen.

Durchführung

- Teepflanzen einpflanzen oder einsähen.
- Die einzelnen Teesorten mit gut lesbaren Namenstafeln versehen.
- Zuverlässige Personen beauftragen, die für die Pflege und die Bewässerung zuständig sind.

Ernte

- Legen Sie fest, wer die Teeblätter ernten darf (nur Personal oder auch Bewohner).
- Wenn Bewohner selbst Tee ernten dürfen, machen Sie eine Einführung, wie und wo abgeschnitten werden darf.

TIPP

Zu Beginn wird die Ernte nicht sofort in großen Mengen erfolgen können. Legen Sie deshalb vielleicht bestimmte Tage fest, an denen Sie diesen Tee für Ihre Bewohner aufbrühen lassen.

Eigene Teekombinationen

Sie können auch Teekräutermischungen anbieten. Diese Mischungen sollten aus nicht mehr als 3 Sorten bestehen (Absprache mit Kräuterpädagogin). Die Namenstafeln an den Beeten sollten dann mit unterschiedlichen Farbtafeln gekennzeichnet sein. Das dient zum besseren Verständnis der Mischungen.

- „Guten Morgen Tee“ (Rot)
- „Gute Nacht Tee“ (Blau)
- „Bauch Gesund Tee“ (Gelb)

Eine originelle Namensauswahl zu treffen, kommt bei den Bewohnern sehr gut an.

Trocknen der Pflanzen

Sollten Sie eine große Menge an Teeblättern haben, so können Sie diese für den Winter trocknen, um auch dann den leckeren Tee aus „Eigenproduktion“ anzubieten.

Die Blumenwiese oder das Blumenbeet

„Blumen kommen von Herzen"

Dieses Projekt ist besonders für Häuser geeignet, die im ländlichen Raum stehen.

Beschreibung

Wenn Felder und Wiesen an das Seniorenheim grenzen, so können die Bewohner die Arbeit der Landwirte zu jeder Jahreszeit beobachten und daran teilhaben. Bei dem beschriebenen Projekt grenzte direkt an den Garten der Einrichtung eine Wiese an, die regelmäßig gemäht wurde. Die Bewohner waren besonders im Frühjahr, wenn die Wiesenblumen in voller Blüte standen, immer sehr traurig, wenn der Bauer diese Wiese mit den bunten Blumen und den vielen Insekten gemäht hatte. Somit war der Wunsch einer Blumenwiese geboren.

- Wenn ein Haus diese Möglichkeit nicht hat, könnte im Garten ein großes Beet mit Wildblumen angelegt werden, von dem sich die Bewohner dann ebenfalls Blumen für das Zimmer schneiden könnten.
- Im eigenen Garten müssten sich dann der Hausmeister oder Betreuungskräfte gemeinsam mit den noch aktiven Bewohnern um dieses Beet kümmern.

Vorbereitung/Durchführung

- Gespräch mit dem Landwirt, um das Projekt Wildblumenwiese zu planen.
- Beratung, welche Wildblumensamen sich für dieses Projekt eignen, gibt das zuständige Gartenbauamt der Stadt oder Pflanzexperten.
- Umpflügen des Feldes durch den Bauern und Einbringen der Wiesenblumensamen. Pflege benötigt dieses Projekt keine.
- Die Wildblumenmischung sollte so zusammengestellt sein, dass die Blumen vom späten Frühjahr bis in den Herbst hinein blühen.
- Im Spätherbst mäht der Bauer die verblühten Blütenstände ab und säht im Frühling zusätzlich neue Samen aus.

Projekt

- Die Bewohner können vom Gartenweg aus zu diesem neuen „Naturblumenbeet“ täglich kleine Spaziergänge mit Rollator oder mit dem Rollstuhl unternehmen. Diese Strecke entwickelt sich innerhalb kurzer Zeit zu einem Kommunikationspfad.
- Die Aufforderung, in der Natur einen Spaziergang zu unternehmen, wird überflüssig – die Bewohner haben eine große Freude an der Betrachtung „ihrer Blumenwiese“.
- Bewohner, die das Haus nicht mehr verlassen können, haben vielleicht vom Zimmer einen schönen Blick darauf.

Besonderheit

- Jedem Bewohner ist es gestattet, frische Blumen für das Zimmer zu schneiden.
- Die Blumen dürfen nur innerhalb der Einrichtung verwendet werden.

Ergebnis

- Für Bewohner, die selbst nicht in der Lage sind Blumen zu pflücken, werden gerne Blumen mitgeschnitten.
- Foyer, Kapelle oder Gemeinschaftsräume werden immer mit frischen Sträußen geschmückt.
- Im Projekt mussten bis auf ganz wenige „Ausnahmen“ die Betreuungskräfte einschreiten, damit nicht zu überdimensionierte Sträuße geschnitten wurden.

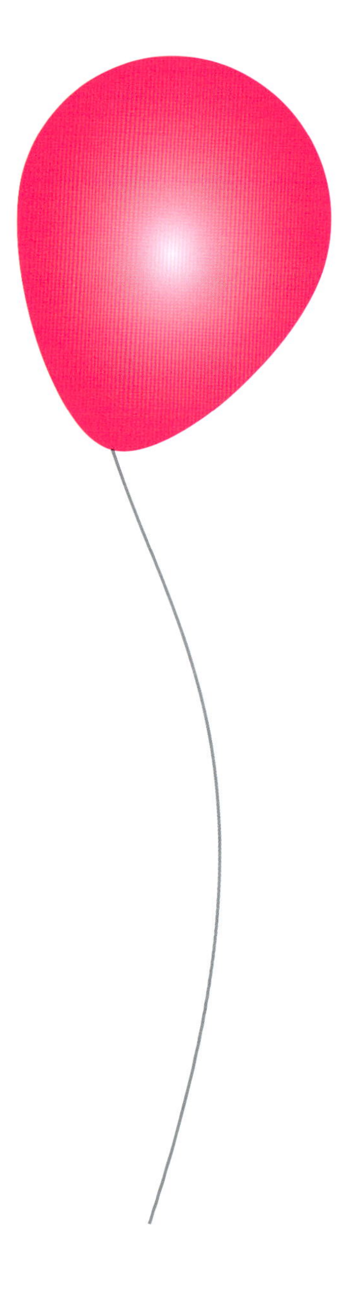

Gedichte

Einführung

Die Sammlung der 12 Gedichte ist den Monaten bzw. den Jahreszeiten zugeordnet. Für die Mitarbeiter in der Betreuung stellt sich häufig die Frage: „Welches Gedicht kann zum jahreszeitlichen Thema oder zum jeweiligen Monat eingesetzt werden?" Diese Sammlung erspart Ihnen ein langes Suchen und Nachschlagen in verschiedenen Büchern.

Die Bewohner mussten während ihrer Schulzeit sehr umfangreiche Gedichte auswendig lernen. In den Gesprächsrunden wird häufig die Schulzeit thematisiert und mit Stolz tragen die Bewohner die vor langer Zeit erlernten Gedichte vor. Für Sie als Mitarbeiter der Betreuung ist es hilfreich, bei „fehlenden Übergängen" mit Textbausteinen zu unterstützen.

Bekannte Dichter, wie Theodor Storm, Hoffmann von Fallersleben oder Wilhelm Busch, um nur einige zu nennen, haben die Bewohner durch ihr Leben begleitet.

Sie können die Gedichte einsetzen, um kurze Zeiteinheiten (vor dem Essen) zu überbrücken, in ein Thema einzusteigen oder um eine Aktivierung ausklingen zu lassen.

Oft genügt es nur den Titel oder die ersten beiden Zeilen vorzulesen, um die Bewohner zum Rezitieren zu animieren.

Januar

Das Büblein auf dem Eise

Gefroren hat es heuer
noch gar kein festes Eis.
Das Büblein steht am Weiher
und spricht zu sich ganz leis:
„Ich will es einmal wagen,
das Eis, es muß doch tragen.
Wer weiß!“

Das Büblein stapft und hacket
mit seinem Stiefelein.
Das Eis auf einmal knacket,
und krach! schon bricht‘s hinein.
Das Büblein platscht und krabbelt,
als wie ein Krebs und zappelt
mit Arm und Bein.

„O helft, ich muß versinken
in lauter Eis und Schnee!
O helft, ich muß ertrinken
im tiefen, tiefen See!“
Wär‘ nicht ein Mann gekommen –
der sich ein Herz genommen,
o weh!

Der packt es bei dem Schopfe
und zieht es dann heraus,
vom Fuße bis zum Kopfe
wie eine Wassermaus.
Das Büblein hat getropfet,
der Vater hat‘s geklopfet
zu Haus.

Friedrich Güll

Narrenzeit

O wär´ im Februar doch auch,
wie's andrer Orten ist der Brauch,
bei uns die Narrheit zünftig!

Denn wer, so lang das Jahr sich misst,
nicht einmal herzlich närrisch ist,
wie wäre der zu andrer Frist
wohl jemals ganz vernünftig.

Theodor Storm

März

Der Frühling ist die schönste Zeit

Der Frühling ist die schönste Zeit!
Was kann wohl schöner sein?
Da grünt und blüht es weit und breit
im goldnen Sonnenschein.

Am Berghang schmilzt der letzte Schnee,
das Bächlein rauscht zu Tal,
es grünt die Saat, es blinkt der See
im Frühlingssonnenstrahl.

Die Lerchen singen überall,
die Amsel schlägt im Wald!
Nun kommt die liebe Nachtigall
und auch der Kuckuck bald.

Nun jauchzet alles weit und breit,
da stimmen froh wir ein:
„Der Frühling ist die schönste Zeit,
was kann wohl schöner sein?“

Annette von Droste-Hülshoff

April

Ostergedicht

Unterm Baum im grünen Gras
sitzt ein kleiner Osterhas!
Putzt den Bart und spitzt das Ohr,
macht ein Männchen, guckt hervor.
Springt dann fort mit einem Satz
und ein kleiner frecher Spatz
schaut jetzt nach, was denn dort sei.
Und was ist's? Ein Osterei!

Volksgut

Mai

Tanzlied in den Mai

Zum Reigen herbei
im fröhlichen Mai!
Mit Blüten und Zweigen
bekränzt euch zum Reigen!
Im fröhlichen Mai
zum fröhlichen Mai!

Zum Reigen herbei
mit Jubelgeschrei!
Die Vögel sich schwingen
sie rufen und singen
mit Jubelgeschrei:
Zum Reigen herbei!

Jucheißa, juchei
wie schön ist der Mai!
Wir haben´s vernommen,
wir kommen, wir kommen.
Wie schön ist der Mai:
Jucheißa, juchei!

Hoffmann von Fallersleben

Der Juni

Die Zeit geht mit der Zeit: Sie fliegt.
Kaum schrieb man sechs Gedichte,
ist schon ein halbes Jahr herum
und fühlt sich als Geschichte.

Die Kirschen werden reif und rot,
die süßen wie die sauren.
Auf zartes Laub fällt Staub, fällt Staub,
so sehr wir es bedauern.

Aus Gras wird Heu. Aus Obst Kompott.
Aus Herrlichkeit wird Nahrung.
Aus manchem, was das Herz erfuhr,
wird, bestenfalls, Erfahrung.

Es wird und war. Es war und wird.
Aus Kälbern werden Rinder
und weil‘s zur Jahreszeit gehört,
aus Küssen kleine Kinder.

Die Vögel füttern ihre Brut
und singen nur noch selten.
So ist‘s bestellt in unsrer Welt,
der besten aller Welten.

Spät tritt der Abend in den Park,
mit Sternen auf der Weste.
Glühwürmchen ziehn mit Lampions
zu einem Gartenfeste.

Dort wird getrunken und gelacht.
In vorgerückter Stunde
tanzt dann der Abend mit der Nacht
die kurze Ehrenrunde.

Am letzten Tische streiten sich
ein Heide und ein Frommer,
ob‘s Wunder oder keine gibt.
Und nächstens wird es Sommer.

Der Sommer

Der Sommer, der Sommer,
das ist die schönste Zeit:
Wir ziehen in die Wälder
und durch die Au‘n und Felder
voll Lust und Fröhlichkeit.

Der Sommer, der Sommer,
der schenkt uns Freuden viel:
Wir jagen dann und springen
nach bunten Schmetterlingen
und spielen manches Spiel.

Der Sommer, der Sommer,
der schenkt uns manchen Fund:
Erdbeeren wir uns suchen
im Schatten hoher Buchen
und laben Herz und Mund.

Der Sommer, der Sommer,
der heißt uns lustig sein:
Wir winden Blumenkränze
und halten Reigentänze
beim Abendsonnenschein.

Hoffmann von Fallersleben

Johanniswürmchen

Was tanzen so goldige Sternchen
umher in funkelnder Pracht?
Sind Käfer mit ihren Laternchen,
die fliegen spazieren bei Nacht.

Wenn einer begegnet dem andern,
dann grüßen sie sich, wie man tut,
erzählen sich was und wandern
dann weiter wohlgemut.

Und kehrt der Morgen wieder,
sucht jeder eilig sein Haus,
doch eh' er sich leget nieder,
löscht er sein Laternchen aus.

Hoffmann von Fallersleben

Der September

Das ist ein Abschied mit Standarten
aus Pflaumenblau und Apfelgrün.
Goldlack und Astern flaggt der Garten,
und tausend Königskerzen glühn.

Das ist ein Abschied mit Posaunen,
mit Erntedank und Bauernball.
Kuhglockenläutend ziehn die braunen
und bunten Herden in den Stall.

Das ist ein Abschied mit Gerüchen
aus einer fast vergessenen Welt.
Mus und Gelee kocht in den Küchen.
Kartoffelfeuer qualmt im Feld.

Das ist ein Abschied mit Getümmel,
mit Huhn am Spieß und Bier im Krug.
Luftschaukeln möchten in den Himmel.
Doch sind sie wohl nicht fromm genug.
Die Stare gehen auf die Reise.

Altweibersommer weht im Wind.
Das ist ein Abschied laut und leise.
Die Karussells drehn sich im Kreise.
Und was vorüber schien, beginnt.

Oktober

Herbstgedicht

Der Frühling hat es angefangen,
der Sommer hat‘s vollbracht.
Seht, wie mit seinen roten Wangen
so mancher Apfel lacht!

Es kommt der Herbst mit reicher Gabe,
er teilt sie fröhlich aus,
und geht dann, wie am Bettelstabe
ein armer Mann, nach Haus.

Voll sind die Speicher nun und Gaden,
dass nichts uns mehr gebricht.
Wir wollen ihn zu Gaste laden,
er aber will es nicht.

Er will uns ohne Dank erfreuen,
kommt immer wieder her:
Lasst uns das Gute drum erneuen,
dann sind wir gut wie er.

Hoffmann von Fallersleben

November

November

Solchen Monat muss man loben:
Keiner kann wie dieser toben,
keiner so verdrießlich sein
und so ohne Sonnenschein!

Keiner so in Wolken maulen,
keiner so mit Sturmwind graulen!
Und wie nass er alles macht!
Ja, es ist die wahre Pracht.

Seht das schöne Schlackerwetter!
Und die armen welken Blätter,
wie sie tanzen in dem Wind
und so ganz verloren sind!

Wie der Sturm sie jagt und zwirbelt
und sie durcheinander wirbelt
und sie hetzt ohn' Unterlass:
Ja, das ist Novemberspaß!

Und die Scheiben, wie sie rinnen!
Und die Wolken, wie sie spinnen
ihren feuchten Himmelstau
ur und ewig, trüb und grau!

Auf dem Dach die Regentropfen:
Wie sie pochen, wie sie klopfen!
Und an jeder Traufe hängt
Trän' an Träne dicht gedrängt.

O, wie ist der Mann zu loben,
der solch unvernünft'ges Toben
schon im Voraus hat bedacht
und die Häuser hohl gemacht!

So dass wir im Trocknen hausen
und mit stillvergnügtem Grausen
und in wohlgeborgner Ruh
solchem Greuel schauen zu!

Heinrich Seidel

Dezember

Knecht Ruprecht

Von drauss' vom Walde komm ich her
Ich muss euch sagen,
es weihnachtet sehr!
All überall auf den Tannenspitzen
sah ich goldene Lichtlein sitzen;
und droben aus dem Himmelstor
sah mit großen Augen
das Christkind hervor.
Und wie ich so strolcht'
durch den finstern Tann,
da rief's mich mit heller Stimme an:

„Knecht Ruprecht", rief es, „alter Gesell,
hebe die Beine und spute dich schnell!
Die Kerzen fangen zu brennen an,
das Himmelstor ist aufgetan.
Alt' und Junge sollen nun
von der Jagd des Lebens einmal ruhn;
und morgen flieg' ich hinab zur Erden,
denn es soll wieder
Weihnachten werden"!

Ich sprach: „O lieber Herr Christ,
meine Reise fast zu Ende ist;
ich soll nur noch in diese Stadt,
wo's eitel gute Kinder hat." -

„Hast denn das Säcklein auch bei dir?"
Ich sprach: „Das Säcklein das ist hier:
Denn Äpfel, Nuss und Mandelkern
essen fromme Kinder gern." -

„Hast denn die Rute auch bei dir?"
Ich sprach: „Die Rute, die ist hier:
Doch für die Kinder nur, die schlechten,
die trifft sie auf den Teil den rechten."

Christkindlein sprach: „So ist es recht;
so geh mit Gott, mein treuer Knecht!"

Von drauss' vom Walde komm ich her;
ich muss euch sagen, es weihnachtet
sehr!
Nun sprecht, wie ich's hier innen find'!
Sind's gute Kind', sind's böse Kind'?

Theodor Storm

Lieder

Einführung

Die Sammlung der 12 Lieder ist den Monaten bzw. den Jahreszeiten zugeordnet. Für die Mitarbeiter in der Betreuung stellt sich häufig die Frage. „Welches Lied kann zum jahreszeitlichen Thema oder zum jeweiligen Monat eingesetzt werden?“ Diese Sammlung erspart Ihnen ein langes Suchen und Nachschlagen in Liederbüchern.

An die abgedruckten, bekannten Lieder erinnern sich die zu betreuenden Personen gerne, denn früher, während der Kindheit oder Jugendzeit wurde viel gesungen.

Das Liedgut bleibt auch bei bereits weit fortgeschrittener Demenz lange erhalten.

Sie können die Lieder einsetzen, um kurze Zeiteinheiten (vor dem Essen) zu überbrücken, in ein Thema einzusteigen oder um eine Aktivierung ausklingen zu lassen.

Die Melodie nur zu summen oder den Text vorzulesen reichen meist aus, um die Zuhörer zum Mitsingen zu motivieren.

Januar

Schneeflöckchen, Weißröckchen

Schneeflöckchen, Weißröckchen,
wann kommst du geschneit?
Du wohnst in den Wolken,
dein Weg ist so weit.

Komm, setz dich ans Fenster,
du lieblicher Stern,
malst Blumen und Blätter,
wir haben dich gern.

Schneeflöckchen, du deckst uns
die Blümelein zu,
dann schlafen sie sicher
in himmlischer Ruh.

Schneeflöckchen, Weißröckchen,
komm zu uns ins Tal,
dann bau'n wir den Schneemann
und werfen den Ball.

Winterlied (anonym)

Lustig ist das Zigeunerleben

Lustig ist das Zigeunerleben,
faria, faria ho.
Brauchen dem Kaiser kein Zins
zu geben,
faria, faria ho.
Lustig ist´s im grünen Wald,
wo des Zigeuners Aufenthalt.
Faria, faria, faria, faria,
faria, faria ho.

Sollt uns einmal der Hunger plagen,
faria, faria ho.
Tun wir uns ein Hirschlein jagen,
faria, faria ho.
Hirschlein, nimm dich wohl in Acht,
wenn des Jägers Büchse kracht.
Faria, faria, faria, faria,
faria, faria ho.

Sollt uns einmal der Durst
sehr quälen,
faria, faria ho.
Gehn wir hin zu Wasserquellen,
faria, faria ho.
Trinken das Wasser wie Moselwein,
meinen, es müsste Champagner sein.
Faria, faria, faria, faria,
faria, faria ho.

Mädchen, willst du Tabak rauchen,
faria, faria ho.
Brauchst dir keine Pfeif zu kaufen,
faria, faria ho.
Greif in meine Tasch‘ hinein
da wird Pfeif‘ und Tabak sein.
Faria, faria, faria, faria,
faria, faria ho.

Wenn wir auch kein Federbett haben,
faria, faria ho.
Tun wir uns ein Loch ausgraben,
faria, faria ho.
Legen Moos und Reisig ‚nein,
das soll uns ein Federbett sein.
Faria, faria, faria, faria,
faria, faria ho.

Volkslied

März

Im Märzen der Bauer

Im Märzen der Bauer die Rösslein einspannt.
Er setzt seine Felder und Wiesen in Stand.
Er pflüget den Boden, er egget und sät
und rührt seine Hände frühmorgens und spät.

Die Bäurin, die Mägde, sie dürfen nicht ruhn,
sie haben im Haus und im Garten zu tun.
Sie graben und rechen und singen ein Lied,
sie freun sich, wenn alles schön grünet und blüht.

So geht unter Arbeit das Frühjahr vorbei.
Da erntet der Bauer das duftende Heu.
Er mäht das Getreide, dann drischt er es aus,
im Winter da gibt es manch fröhlichen Schmaus.

Volksweise

Kuckuck, Kuckuck

Kuckuck, Kuckuck
ruft‘s aus dem Wald.
Lasset uns singen, tanzen und springen.
Frühling, Frühling wird es nun bald.

Kuckuck, Kuckuck,
trefflicher Held.
Was du gesungen, ist dir gelungen.
Winter, Winter räumet das Feld.

Kuckuck, Kuckuck
läßt nicht sein Schrei‘n:
Komm in die Felder, Wiesen und Wälder.
Frühling, Frühling, stelle dich ein.

Hoffmann von Fallersleben

Komm lieber Mai und mache

Komm, lieber Mai, und mache
die Bäume wieder grün
und lass mir an dem Bache
die kleinen Veilchen blühn!
Wie möcht ich doch so gerne
ein Veilchen wieder sehn,
ach, lieber Mai, wie gerne
einmal spazieren gehn!

Zwar Wintertage haben
wohl auch der Freuden viel:
man kann im Schnee eins traben
und treibt manch Abendspiel,
baut Häuserchen von Karten,
spielt Blindekuh und Pfand,
auch gibt‘s wohl Schlittenfahrten
aufs liebe freie Land.

Doch wenn die Vögel singen
und wir dann froh und flink
auf grünem Rasen springen,
das ist ein ander Ding!
Jetzt muss mein Steckenpferdchen
dort in dem Winkel stehen,
denn draussen in dem Gärtchen
kann man vor Schmutz nicht gehn.

Am meisten aber dauert
mich Lottchens Herzeleid:
das arme Mädchen lauert
recht auf die Blumenzeit.
Umsonst hol ich ihr Spielchen
zum Zeitvertreib herbei;
sie sitzt in ihrem Stühlchen
wie‘s Hühnchen aus dem Ei.

Ach, wenn’s doch erst gelinder
und grüner draußen wär’.
Komm, lieber Mai, wir Kinder,
wir bitten gar zu sehr!
O komm und bring’ vor allem
uns viele Veilchen mit!
Bring’ auch viel Nachtigallen
und schöne Kuckucks mit!

Volkslied

Juni

Geh aus mein Herz und suche Freud

Geh aus, mein Herz, und suche Freud
in dieser lieben Sommerzeit
an deines Gottes Gaben.
Schau an der schönen Gärten Zier
und siehe, wie sie mir und dir
sich ausgeschmücket haben.

Die Bäume stehen voller Laub,
das Erdreich decket seinen Staub
mit einem grünen Kleide.
Narzissus und die Tulipan,
die ziehen sich viel schöner an
als Salomonis Seide.

Die Lerche schwingt sich in die Luft,
das Täublein fliegt aus seiner Kluft
und macht sich in die Wälder.
Die hochbegabte Nachtigall
ergötzt und füllt mit ihrem Schall
Berg, Hügel, Tal und Felder.

Die Glucke führt ihr Völklein aus,
der Storch baut und bewohnt sein Haus,
das Schwälblein speist die Jungen.
Der schnelle Hirsch, das leichte Reh
ist froh und kommt aus seiner Höh
ins tiefe Gras gesprungen.

Die Bächlein rauschen in dem Sand
und malen sich an ihrem Rand
mit schattenreichen Myrten.
Die Wiesen liegen hart dabei
und klingen ganz vom Luftgeschrei
der Schaf und ihrer Hirten.

Paul Gerhardt (Geistliches Sommerlied)

Juli

Sah ein Knab ein Röslein stehn

Sah ein Knab ein Röslein stehn,
Röslein auf der Heiden,
war so jung und morgenschön,
lief er schnell es nah zu sehn,
sah´s mit vielen Freuden.
Röslein, Röslein, Röslein rot,
Röslein auf der Heiden.

Knabe sprach: „Ich breche dich,
Röslein auf der Heiden!“
Röslein sprach: „Ich steche dich,
daß du ewig denkst an mich,
und ich will‘s nicht leiden.“
Röslein, Röslein, Röslein rot,
Röslein auf der Heiden.

Und der wilde Knabe brach
’s Röslein auf der Heiden,
Röslein wehrte sich und stach,
half ihm doch kein Weh und Ach,
musst‘ es eben leiden.
Röslein, Röslein, Röslein rot,
Röslein auf der Heiden.

Johann Wolfgang von Goethe

Hoch auf dem gelben Wagen

Hoch auf dem gelben Wagen
sitz ich beim Schwager vorn.
Vorwärts die Rosse traben
lustig schmettert das Horn.
Felder, Wiesen und Auen,
leuchtendes Ährengold.
Ich möchte so gerne noch schauen
aber der Wagen, der rollt.

Flöten hör ich und Geigen
lustiges Baßgebrumm.
Lustiges Volk im Reigen
tanzt um die Linde herum.
Wirbelnde Blätter im Winde
es jauchzt und lacht und tollt.
Ich bliebe so gern bei der Linde
aber der Wagen, der rollt.

Postillon an der Schenke
füttert die Rosse im Flug.
Schäumendes Gerstengetränke
reicht uns der Wirt im Krug.
Hinter den Fensterscheiben
lacht ein Gesicht so hold.
Ich möchte so gerne noch bleiben
Aber der Wagen, der rollt.

Sitzt einmal ein Gerippe
dort bei dem Schwager vorn
Hält statt der Peitsche die Hippe
Stundenglas statt Horn.
Sag ich: Ade, nun, ihr Lieben
die ihr nicht mitfahren wollt!
Ich wäre so gern noch geblieben
aber der Wagen, der rollt.

Volkslied

September

Am Brunnen vor dem Tore

Am Brunnen vor dem Tore
da steht ein Lindenbaum.
Ich träumt in seinem Schatten
so manchen süßen Traum.
Ich schnitt in seine Rinde
so manches liebe Wort.
Es zog in Freud und Leide
zu ihm mich immer fort.

Ich musst auch heute wandern
vorbei in tiefer Nacht.
Da hab ich noch im Dunkeln
die Augen zugemacht
und seine Zweige rauschten,
als riefen sie mir zu:
„Komm her zu mir, Geselle
Hier findst du deine Ruh!“

Die kalten Winde bliesen
mir grad ins Angesicht.
Der Hut flog mir vom Kopfe,
ich wendete mich nicht.
Nun bin ich manche Stunde
entfernt von diesem Ort
und immer hör ich´s rauschen:
„Du fändest Ruhe dort!“

Wilhelm Müller/Franz Schubert

Oktober

Bunt sind schon die Wälder

Bunt sind schon die Wälder,
gelb die Stoppelfelder
und der Herbst beginnt.
Rote Blätter fallen,
graue Nebel wallen,
kühler weht der Wind.

Wie die volle Traube
aus dem Rebenlaube
purpurfarbig strahlt!
Am Geländer reifen
Pfirsiche, mit Streifen
rot und weiß bemalt.

Flinke Träger springen,
und die Mädchen singen,
alles jubelt froh!
Bunte Bänder schweben,
zwischen hohen Reben
auf dem Hut von Stroh.

Geige tönt und Flöte,
bei der Abendröte
und im Mondesglanz.
Junge Winzerinnen
winken und beginnen
frohen Erntetanz.

Volkslied

Weißt du, wieviel Sternlein stehen

Weißt du, wieviel Sternlein stehen
an dem blauen Himmelszelt?
Weißt du, wieviel Wolken gehen
weithin über alle Welt?
Gott, der Herr, hat sie gezählet,
dass ihm auch nicht eines fehlet
an der ganzen großen Zahl,
an der ganzen großen Zahl.

Weißt du, wieviel Mücklein spielen
in der heißen Sonnenglut?
Wieviel Fischlein auch sich kühlen
in der hellen Wasserflut?
Gott, der Herr, rief sie mit Namen,
dass sie all ins Leben kamen,
dass sie nun so fröhlich sind,
dass sie nun so fröhlich sind.

Weißt du, wieviel Kinder frühe
stehn aus ihren Bettlein auf,
dass sie ohne Sorg und Mühe
fröhlich sind im Tageslauf?
Gott im Himmel hat an allen
seine Lust, sein Wohlgefallen.
Kennt auch dich und hat dich lieb.
kennt auch dich und hat dich lieb.

Johann Wilhelm Hey

Dezember

Es ist für uns eine Zeit angekommen

Es ist für uns eine Zeit angekommen
sie bringt uns eine große Freud‘.
Übers schneebeglänzte Feld
wandern wir, wandern wir
durch die weite, weiße Welt.

Es schlafen Bächlein und See unterm Eise
es träumt der Wald einen tiefen Traum.
Durch den Schnee, der leise fällt
wandern wir, wandern wir
durch die weite, weiße Welt.

Vom hohen Himmel ein leuchtendes Schweigen
erfüllt die Herzen mit Seligkeit.
Unterm sternbeglänzten Zelt
wandern wir, wandern wir
durch die weite, weiße Welt.

Weihnachtslied

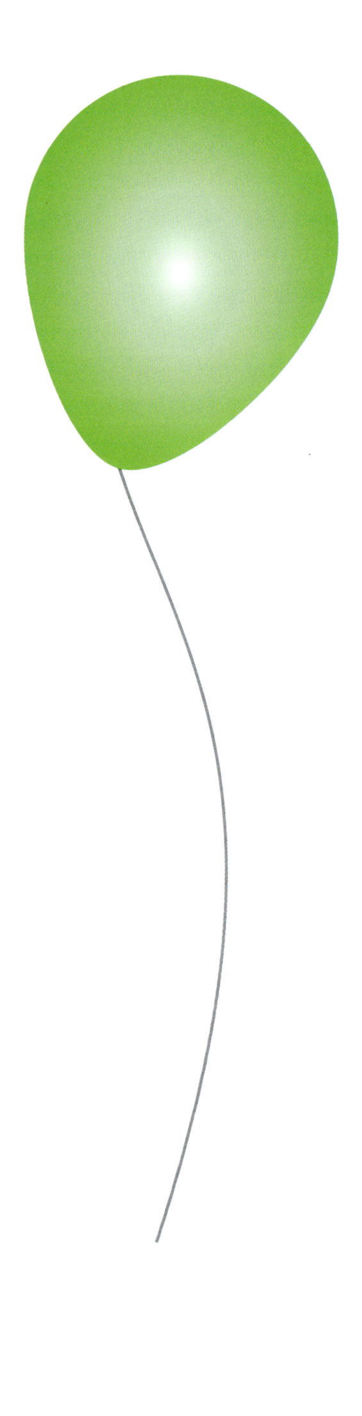

Anhang

Gegenstände zur biografischen Aktivierung

Haushalt

Kaffeemühlen

Sammeltassen

Mokkatassen

Kaffeekannen

Teeservice

Melitta Kaffeefilter

Eieruhr

Kaffee- oder Speiseservice

Tafelsilber

Hildesheimer Rose Kaffeegarnitur

Kristallgläser

Bestickte Tischdecken

Leinentischdecken

Gehäkelte Deckchen

Brokatläufer

Silberleuchter

Silbertablett

Geschirrtücher (vielleicht mit aufgedrucktem Kalender)

Alte Pfannen

Alte Gugelhupf Formen

Einmachgläser

Marmeladegläser

Messingpfannen

Mostkrug

Puddingformen (Plastik oder Keramik)

Topfuntersetzer aus Perlen

Handarbeit

Stopfei

Fingerhut

Einfädelhilfe

Alter Nähkorb

Altes Nähkästchen

Knopfkiste

Taschentücher (bestickt oder umhäkelt)

Taschentuchbehälter

Gehäkelte Serviettenringe

Stricklisel

Einrichtungsgegenstände

Gobelinbilder

Kuckucksuhr

Tischuhr

Telefon

Glockenstrang

Gong (damit wurde zum Essen gerufen)

Bodenvase

Kupfertopf (Blumenübertopf)

Zinnbecher

Spinnrad

In Kunstharz eingegossenen Blumen

Kleidungsstücke Frauen
Bettschuhe
Bettjäckchen
Lackschuhe
Tanzschuhe
Dirndl
Hüte
Mützen
Bademütze
Muff
Fuchspelz
Pullover im Norwegermuster
Handschuhe im Norwegermuster

Kleidungsstücke Männer
Fliege
Krawatten (schmal, breit, gestrickt)
Hosenträger
Ärmelhalter
Ärmelschoner
Gamaschen
Krawattennadeln
Manschettenknöpfe
Taschenuhr

Taschen und Geldbörsen
Schwarze Handtasche
Sonntagtasche
Tasche für das Theater
Einkaufstasche
Einkaufsnetz
Badetasche
Rucksack
Gehäkelte Basttasche
Geldbörsen in unterschiedlichen Größen

Schmuck
Modeschmuck als Halsketten
Bernsteinketten oder Ringe
Elfenbeinbroschen
Korallenketten
Emailschmuck

Schuhe
Lackschuhe
Tanzschuhe
Holzpantinen

Schule
Schiefertafel
Schulranzen
Poesiealbum
Postkarten
Schulbücher/Fibel
Märchenbücher
Struwwelpeterbuch
Wilhelm Busch Buch
Alte Liederbücher

Parfüm/Seifen
Tosca
4711
Echt Kölnisch Wasser

Tabac (Männer)
Hattric (Männer)
Moschus (Männer)
Speick Seife
Fenjala Seife

Spielzeug
Alter Kinderwagen
Schulwebrahmen
Puppen
Steiff Tiere
Blechspielzeug
Aufziehspielzeug
Glasmurmeln
Holzkreisel
Rose vom Jahrmarkt

Männer
Miniaturautos
Blechspielzeug
Miniatureisenbahn
Häuser von Modelleisenbahnen
Laubsägearbeiten von früher
Briefmarken
Münzalbum
Zigarrenkisten
Zigarrenbanderolen „Bauchbinden“
Aschenbecher aus Zigarrenbanderolen
Altes Werkzeug
Blechschilder oder Bilder von Tankstellen

Mein besonderer Dank

Meinem Mann Xaver, der mich wieder einmal mit viel Geduld begleitet und mich erneut ermuntert hat, dieses Buch zu schreiben. Abgeschieden in der Dünenlandschaft von Dänemark gab er mir während unseres Urlaubs wichtige Impulse und unterstützte mich enorm bei der Korrektur meiner Texte.

Meiner Tochter Verena, die mir mit ihrem konstruktiven Feedback während der Korrekturphase dieses Buches, neue, kreative Ideen aufgezeigt hat. Mit ihrer wertvollen Unterstützung und unzähligen Tassen Cappuccino wurden diese dann gemeinsam umgesetzt.

Meinem Sohn Florian, der mir mit seiner technischen Unterstützung wieder einmal die Arbeit am PC erleichtert und mir bei der Suche nach „verloren gegangenen Dateien“ geholfen hat.

Meiner Lektorin Bettina Schäfer vom Vincentz Network, die bei unserem Treffen auf der Altenpflegemesse in Nürnberg von meinen viele Ideen und Entwürfen beinahe „überrollt“ wurde. Sie hatte während unserer zahlreichen Telefonate immer ein offenes Ohr und war von Anfang an von der Nachhaltigkeit dieses Buches überzeugt.

Rita Zottl von der Grafik, die dieses sehr textorientiertes Werk zu einem besonderen Buch entstehen lassen hat.

Jutta Krauß, Einrichtungsleitung der Johanniter-Pflegewohnhäuser im Bereich Rosenstein, die mit viel Kreativität und Überzeugung bei den Gartenprojekten völlig neue, konzeptionelle Wege gegangen ist und diese mit großem Erfolg verwirklicht hat.

Kerstin Fallack, Leitung Sozialer Dienst der Samariterstiftung in Aalen, die mit ihren kreativen Ideen die außergewöhnlichen Projekte in der Einrichtung mit großem Erfolg umgesetzt hat.

Carmen Hoyler vom Johanniter Pflegewohnhaus in Essingen, die mit ihren kreativen Ideen und ihrem persönlichen Engagement zahlreiche Aktivierungen erprobt und dokumentiert hat, um diese individuell und bewohnergerecht einzusetzen.

Berta Lachnit vom KWA Albstift in Aalen, für die Unterstützung und Bereitstellung von Bildmaterial.

Meinen zahlreichen Schülerinnen und Schülern, die meinen Unterricht zur Ausbildung von Betreuungsassistenten besucht haben. Sie haben mir ihre teilweise enorme Hilflosigkeit im täglichen Betreuungsalltag geschildert und wir haben gemeinsam lösungsorientierte Ansätze erarbeitet. Diese haben sie dann in ihren Häusern bewohnerorientiert umgesetzt und ich konnte mich anschließend vor Ort in den Einrichtungen über den sensationellen Erfolg freuen.

Autorin

Maria Metzger ist Autorin von Fachbüchern und freiberuflich als Dozentin bei verschiedenen Trägern tätig. Sie unterrichtet an Altenpflegeschulen im Bereich Aktivierung, hält Fachvorträge, leitet Seminare und Workshops für Mitarbeiter in Seniorenheimen, Betreuungsassistenten, pflegende Angehörige, ehrenamtlich tätige Personen sowie für Hospizmitarbeiter.

Ihr Schwerpunkt liegt im Bereich der Biografiearbeit. Sie selbst ist in Seniorenhäusern als Therapeutin tätig. Im Rahmen dieser Tätigkeit hat sie die Bücher „Fantasiereisen“ und „Fantasiereisen II“ und den „Aktivierungsblitz “ geschrieben, sowie das Therapiespiel „die Sprichwortwürfel“ entworfen, die im Vincentz Network erschienen sind.

Maria Metzger arbeitet in ihrer eigenen Praxis als Entspannungstherapeutin für klassische Entspannungsmethoden und hält Seminare zur präventiven Stressbewältigung.